济南府镜像

赵晓林 著

山东画报出版社
济南

图书在版编目（CIP）数据

济南府镜像/赵晓林著.--济南：山东画报出版社，2021.11（2024.7重印）
（“人文济南”丛书）
ISBN 978-7-5474-3846-6

Ⅰ.①济… Ⅱ.①赵… Ⅲ.①济南－地方史－图集
Ⅳ.①K295.21-64

中国版本图书馆CIP数据核字（2021）第224401号

JINANFU JINGXIANG
济南府镜像
赵晓林　著

责任编辑　怀志霄
装帧设计　杜　宁

出 版 人　张晓东
主管单位　山东出版传媒股份有限公司
出版发行　山东画报出版社
社　　址　济南市市中区舜耕路517号　邮编 250003
电　　话　总编室（0531）82098472
市场部（0531）82098479
网　　址　http://www.hbcbs.com.cn
电子信箱　hbcb@sdpress.com.cn
印　　刷　济南新先锋彩印有限公司
规　　格　160毫米×230毫米　1/32
9.75印张　278幅图　250千字
版　　次　2021年11月第1版
印　　次　2024年7月第2次印刷
书　　号　ISBN 978-7-5474-3846-6
定　　价　68.00元

前 言

“济南”即济水之南，是一个大致的地理方位。这一地区春秋战国时代属齐，称泺邑、台邑、鲍邑、平陵、历下邑。汉朝设济南郡，从此便有了“济南”这个名称。隋唐时期，济南郡改称齐州，治所仍在历城。济南称府始于宋政和六年（1116），当时济南由齐州升为济南府，治历城县，领历城、禹城、章丘、长清、临邑、临济六县，属京东东路。北宋末期，金人南下，攻占济南，仍为济南府，并成为重要的盐运集散地，由此奠定了济南的经济地位。元初，升济南路。至正二十七年（1367），朱元璋复置济南府，并定为山东的首府，此后济南一直是山东的政治中心。清朝，济南治历城县，领历城、章丘、淄川、长山、新城、齐河、齐东、济阳、禹城、临邑、长清、肥城、青城、陵县、泰安州、新泰、莱芜等州县。

1904年济南自开商埠。

民国时期，实行省、道、县三级制。1914年，全国共设92道，后续有增置。三级的最高长官，省称督军，道称道尹，县称县知事。济南初属岱北道，1914年改称济南道。1929年7月，设立济南市。

1948年9月24日，济南解放，此后一直是山东省的政治中心。

济南全景（拍摄于1920年左右，自大明湖北岸城墙东北角向西南方向拍摄）

笔者收藏多年，最注重者即济南乡邦文献，自20世纪90年代以来，历20年，收藏过千种，其中最重要主题即老照片和明信片。为何看重这些？因为它们反映的是现代人再也无法看到，甚至无法想象的济南“原始”风貌。

镜像者，在此引申为影像之意。本书所选取的老照片均为笔者所藏较为珍稀，且画面清晰者200余帧，以山、泉、湖、河、城之济南风貌之序，配以简单的文字，力求将济南府“潇洒似江南”之风貌呈现出来，以供世人清赏。

目 录

济　南　府　镜　像

晚清遗影

到了济南府，进得城来，家家泉水，户户垂杨，比那江南风景，觉得更为有趣。

——刘鹗《老残游记》

说起清末的济南，记录最精彩者莫过于刘鹗之《老残游记》。此书文笔清逸，关于济南风景人情之描写历来为人称道，家喻户晓的"家家泉水，户户垂杨"即出自其中，虽只寥寥八字，淡淡写来，却深得济南风貌之神髓。

清末老照片中的济南府各色人等，大多衣着朴素，流露出一种质朴，甚至是木讷之色，让人感觉到那时的济南人虽生活简朴，却安于现状，甚少物欲之诉求，也使得这座城市显得节奏缓慢，空气中氤氲着悠闲、静谧之气，让济南府成为很多现代济南人的梦中桃源。

济南府衙门

原片中只标明此处建筑是济南府衙门，未说明是哪个衙门，现已难以考证。大约为德国人拍摄，时间应在1904年前后。

济南府某衙门

某衙门大门外

某衙门外街市

某衙门大型影壁

山东巡抚衙门门前

照片中的衙门大门，看规格和体量，应是山东巡抚衙门，即现在的珍珠泉所在地。此处最早是明代德王府。德王是明英宗第二子，原在德州，后迁至济南。清军攻占济南后，废德王府为巡抚衙门。

山东省咨议局

照片中的建筑曾是清末山东的政治中枢——山东省咨议局。其后侧的尖顶圆形建筑即被老济南人俗称为“鸟笼子”的山东省咨议局大厦。

山东省咨议局位于大明湖南岸，建于原济南府贡院遗址之上。清光绪三十一年（1905），慈禧下诏废科举，兴办新式学堂。1907年，清廷决定实行立宪新政，中央设资政院，各省筹建咨议局。1908年，拆掉贡院新西号舍，盖起了这座省咨议局大厦。1909年10月14日，山东省咨议局正式成立，全省各地推选省咨议局议员。

“鸟笼子”模仿欧美国家传统的议会大厅圆形建筑形式，楼高三层。据史料记载，此建筑上半部外形模仿北京天坛的祈年殿，两层檐，攒尖式屋顶，顶端竖有避雷针。两层檐间并排装有八扇屏风式窗户。为保证采光，环楼镶有从美国进口的钢丝玻璃。

1911年，武昌新军举事，山东民气沸腾，各界群起响应。是年11月13日，山东各界代表上千人云集“鸟笼子”，宣布山东反清独立，曾震动一时。

济南府城内大街

照片中的街道及两侧建筑、骡车、车老板和行人，都沐浴在一种淡淡的质朴中，保留着古时之风。

干涸的趵突泉

趵突泉为济南群泉之冠，历来为人所重，有“波涛声震大明湖”之誉。但历史上，趵突泉曾多次干涸。照片中清末的趵突泉泉池内已经没有多少泉水。

黑虎泉畔

照片中是济南第二大泉黑虎泉北侧护城河之景观。周围建筑多为民居，无甚可观。河中有小庙、石碑。河水不深，妇人于河边洗衣、洗菜，倒有几分城郊素朴之色。

商埠二大马路

这帧照片拍摄的是济南商埠的“二大马路”，即经二路。男人还留着长长的辫子，有钱者身着长袍，卖苦力者裹着臃肿的棉袄，路边却是欧式建筑，虽略显违和，却又是历史的写真。

胶济铁路济南站停车场

济南自开商埠后，胶济铁路与津浦铁路相继于1904年和1912年全线通车。济南也建了两座火车站。此照片应为德国人所拍，虽然照片上没有火车站，但从站牌、黄包车和平整的广场看，此处应是清末民初胶济铁路济南站停车场一角。

济南城郊

原片只附有简略的德文说明——济南城郊景致。但从建筑、景物等分析，应是济南北部地区，即今北园一带。

菜市场

照片中菜市场的位置已无从考证，但可以看出当时济南的蔬菜供应似乎还算充足。

集市

德国人所拍，具体位置已无从考证。集市的喧闹让人印象深刻。

城边民居

从建筑特点、河流走向及远端的城楼分析，照片中应是济南府西门外的“大板桥、小板桥”附近。“大板桥、小板桥”是大板桥街和小板桥街的简称，是两条在济南颇为有名的老街巷，因西头各有一座石板桥得名。民居临河而建，是济南旧时生活的特色之一。

护城河

清末的护城河河面并不算太宽，水流亦缓慢，周围妇人于此洗衣、洗菜，十分方便。

济　南　府　镜　像

一城山色

小山整把济南围了个圈儿，只有北边缺着点口儿。这一圈小山在冬天特别可爱，好像是把济南放在一个小摇篮里，他们全安静不动地低声地说："你们放心吧，这儿准保暖和。"真的，济南的人们在冬天是面上含笑的。他们一看那些小山，心中便觉得有了着落，有了依靠。

——老舍《济南的冬天》

济南地处鲁中南低山丘陵与鲁西北冲积平原的交接带上，地势南高北低，南部多山，但皆不高，如历城之龙洞，长清之五峰、灵岩，平阴之翠屏、谷城，章丘之湖山、长白等，多秀媚，小者亦有雄壮之势。济南城内及近郊还有千佛山、大佛山、华山、鹊山、药山、玉函山等，各有千秋，有摩崖者、有寺庙者、有道观者、有名泉者，不一而足。

除上列数名山外，济南城内、周边还有英雄山（四里山）、郎茂山、红叶谷、九如山、梯子山、锦屏山、危山、燕翅山、平顶山、回龙山、金鸡岭、泉子山、卧虎山、七里山、小姑山、万灵山、鼓楼峰、腊山、丁字山、唐冶山、卧牛山、凤凰山、青龙山、蟠龙山、转山、牧牛山、金象山、藏龙涧等等，难以尽数，各有不同，围护着济南城。

这些山除千佛山外，其他留有照片者甚少，今人难得一见当时之风貌。以下所载之各山照片，大都拍摄于20世纪二三十年代。

千佛山

千佛山，古称历山，济南也因此山称历下、历城；相传虞舜曾耕于山下，故又称舜山、舜耕山。隋唐之际弘扬佛法，信众在山上因山列势，凿窟造像，广开庙宇，改称仙祓山，后世因“仙祓”二字音转及山上百窟千佛而称千佛山至今。

千佛山冈峦雄秀，俯视万家。佛宇亭榭，半倚岩壁，磴道纡盘，凡历三数百级。至西山口，有木坊，颜曰“峰回路转”，于此处回望城郭，境象变易。山东路半山有一牌坊，清道光二十五年（1845）历城知县叶圭书所建，原为木质，1985年改为钢筋混凝土结构。坊前匾额刻有“齐烟九点”四字，为叶圭书题，由唐代诗人李贺《梦天》诗中“遥望齐州九点烟”佳句演化而来。“九点”所指，古今不同。清代郝植恭在《游匡山记》中说：“自鹊华而外，如历山、鲍山、崛山、粟山、药山、标山、匡山之属，蜿蜒起伏，如儿孙环列，所谓‘齐州九点烟’也。”今一般是指自“齐烟九点”坊处北望所见卧牛山、华山、鹊山、标山、凤凰山、北马鞍山、粟山、匡山、药山九座孤立的山头。九座山山势各异，云雾润蒸，岚烟缭绕，故称“齐烟九点”。

山腰有兴国禅寺，始建于隋开皇年间，因寺内石壁遍布造像，初名千佛寺，唐贞观年间更为今名。禅寺依山而建，内有大雄宝殿、千佛崖、龙泉洞、黔娄洞等古迹。禅寺大门外有清末济南秀才杨兆庆所书楹联“暮鼓晨钟惊醒世间名利客，经声佛号唤回苦海梦迷人”。每年农历三、九两月有庙会，游人麇集，香烟云绕，颇极一时之盛。邑人毛鸿宾、张英麟俱有碑记。

旧时，济南人游千佛山，除步行外，多乘滑竿或骑驴，南门外就有专门赶脚的。

从千佛山上远眺济南

千佛山山顶

乘滑竿游千佛山

兴国禅寺山门

舜祠内舜像

兴国禅寺内石碑、香炉

千佛山佛造像

牵驴赶脚的

佛慧山

佛慧山在千佛山东南五里，因山上雕刻有宋代大石佛头，古时又称大佛山。明万历年间，济南知府平康裕在山上建巨大石柱，因为像橛子，故称“橛山”；又因像笔，故雅称“文笔峰”或“文壁峰”。古人迷信风水，认为济南城地势低洼，地下多水，像一条船，如果不把它牢牢系住，便会被水冲走，所以才在山上立了巨柱，作为系“船”的石桩。济南解放前，国民党军队为修筑防御工事，将石柱拆除。

佛慧山高460米，山势峭拔。峰北侧壁上有一巨大佛龛，1924年建成，高约9米，中间券拱门，额书“大雄宝殿”四字，为清末御史、济南书法家张英麟手笔。龛内正面有北宋景祐二年至三年（1035—1036）依山雕凿的佛像一尊。佛像高7.8米，宽4米，法相庄严。因仅刻胸肩以上，故老济南人俗称之为“大佛头”。佛像西侧石壁刻有明万历三十五年（1607）三月重修题记。

清代诗人范垌有诗吟咏佛慧山和大佛头：

佛慧名山十里遥，开元古寺建山椒；
山僧不解通姓名，自汲山泉饮一瓢。

佛慧山顶

开元寺文笔峰

佛慧山西侧的黄石崖

开元寺下山道

玉函山

玉函山又名兴隆山、小泰山，出城南十里即到。海拔523米，是济南近郊最高的山。

相传，汉武帝赴泰山封禅，回驾时登此山，忽有鸟惊飞。鸟飞处留一玉函，内装玉钗一对，武帝得之。从此这座山便被称为玉函山。唐代段成式《酉阳杂俎》载有此说。

山上有碧霞宫。山阴有峪，因在龙洞佛峪之西，故称西佛峪。峪中苍松翠柏，丹柿红叶，斑斓似锦。峪尽头，东、西、南三面绝壁峭立，北临深谷陡坡。坡顶有庙，庙前立清康熙年间石碑，碑文记载此庙名为“三仙宫”，宫内供奉守山门的卫士王灵官，所以亦称灵官庙。东南不远处，有一十余米宽的新月形天然石台，为隋代佛峪寺遗迹。石台北侧为深谷，谷内古木森森。高处，巨岩外伸，状如檐厦，其下崖壁间，随山就势，雕凿佛像100多尊，其中82尊为隋代开皇四年至二十年（584—600）雕凿，余者皆属唐代。此外，尚有隋唐题刻15则。如今庙宇早已倾圮，佛像也损毁严重。唯石台西端崖壁上，水珠依然渗出，聚为一泓清潭，称蕊珠泉。

玉函山顶

玉函山寺庙俯瞰

玉函山顶玉皇阁

佛峪寺外摩崖造像

龙洞山

龙洞山位于济南旧城东南三十里，峰峦叠嶂，山势峻拔，危岩横出，因山中有龙洞而得名。北有老君崖、凤凰台环拱如门，中有独秀峰、三秀峰突兀矗立，形成了峭壁围绕的山峪，名龙洞峪。

峪口两侧为老君崖，崖下有老君井，传说太上老君曾于此炼丹。与老君崖相对的是凤凰台，相传昔日有凤凰栖于此地。两山对峙间的谷地清溪流淌，山清水秀。深谷东北巨峰危立，丛木簇拥，白云缭绕，风光奇奥，称白云峰。

由此向西，穿过一段峡谷，便到达了龙洞峪腹地。这一带危峰壁立，陡峭如削，似神工鬼斧所为。其内，魏晋以来建有名刹。宋英宗治平四年（1076），赐名“寿圣院”。殿内祀龙王、龙子、龙女、金龙等神像，香火盛极一时。天旱“祷雨必应”，故宋神宗元丰二年（1079）七月，又封“顺应侯”。金人统治期间，晋封为“灵慧公”。

如今寺院已倾毁，两株高龄的银杏树却依然枝繁叶茂。北宋元丰二年（1079）镌刻的石碑尚存，上面记载着龙神降雨的故事。寺院旧址南侧高峰是鹫栖岩，岩巅矗立七级石塔，高12米，形如西安大雁塔，名报恩塔，建于宋政和六年（1116）。塔身佛龛内供奉着观音像，塔下舍利室中置有林立（今山东惠民）开元寺东大圣院僧人宗义的舍利，塔身正面嵌有建塔碑记。鹫栖岩北侧，独秀峰孤标雄拔，石壁上布满宋元以来拜河龙神、游览胜迹的大字摹刻十余种。其中有宋代政治家范仲淹之子、齐州知州范纯仁元丰四年（1081）的题刻。有的字高三尺，气势雄伟，神韵潇洒，堪为奇观。

两峰之间有一巨大平直的峭壁，像屏风，人称锦屏岩。岩上翠柏悬生，荆榆点洒，山花缀饰。壁间凿有“白云无尽”“锦屏春晓”等巨字石刻，其中清光绪二十二年（1896）济南名士柳文洙所题“壁立千仞”，笔画可容一人。每至春日，山花灿烂如绣，被誉为“锦屏春晓”，旧时列为济南八景之一。

与锦屏岩对峙的西南侧峭壁间即为著名的龙洞。洞口高2.7米，宽1.3米，两侧石壁刻有对联“真气森喷薄，神功接混茫”，为清同治年间济南知府龚易图所书。洞东西相通，长约百米。进得洞来，初为高敞穹隆石室，大可容数十人。壁间镌刻佛像3组，50余尊，其中3尊高4米，为东魏天平年间作品，法相端庄，风格古朴。其他多为隋代凿建。继而向里，洞身变狭，忽敛忽舒，曲折盘桓，深邃幽奥。洞内怪石横出，钟乳倒挂，石花丛生，水珠下滴，铿锵有韵。穿出洞口，豁然开朗，北侧石壁上镌宋元以来题记多方。

与龙洞进口相隔不远处也有一洞，悬于陡壁上，无路可通。寿盛院西北方向为藏龙涧，甚宽绰，内有金沙泉、白龙泉、黑龙泉。昔日水势很大，泉水汇为深潭，分别称为黄龙潭、白龙潭、黑龙潭。再向西为天梯，坡陡势险，须猫腰爬行。两侧峭壁如斧劈，甚狭，仰望，仅见蓝天一线。顺梯而上有一平台，翠柏茏荫，可于此小憩观景。

龙洞西口

龙洞山下寿圣院

药山

药山位于济南西北，北依滔滔黄河，南与北马鞍山相对，东连城区，西为平畴沃野。其海拔不高，只有125米。在黄河南岸眺望药山，其大小九个山峰，如同形态各异的莲花，故又名九顶莲花山。此山因出产一种药用价值很高的石头而得名。《齐乘》载："药山，出阳起石，极佳。"除此之外，山上还盛产半夏、远志、千头菊、茵陈、柴胡、生地等多种药材。古书载，药山曾是我国古代医圣扁鹊的采药地。

20世纪30年代以前，药山除盛产药材外，山上柏树参天、绿荫绵绵、泉水不绝。每年的农历三月初三，山会（庙会）繁盛，远至河南、安徽，近到潍坊、临沂等地百姓都来赶会，与千佛山九月九庙会并称济南两大山会。

旧时山顶有庙，名曰万寿堂，其右为娘娘庙，庙宇宏伟壮观，古朴典雅。万寿堂内祀雷公、伊尹、扁鹊、淳于意、张仲景、华佗、王叔和、皇甫谧、葛洪、孙思邈等十大名医，塑像精致，栩栩如生。附近村民每遇病灾都来焚香祀拜，以求康复。现庙堂已毁，然而四周景色依然美好。

药山山顶

华山

山上一片顽石，不生树木，华泉已完全枯竭，旧水道仍低洼，长满芦草。深山荒僻，并无一定盘路。攀石上升，极为费力。上半山至吕祖殿，为一小楼，旁供文昌，匾为“悠然性天”，题诗满墙，但绝无佳者。从吕祖殿下望，远则绿树红墙，近则晴天平芜，麦垄菜畦，一一都如锦绣。萎黄小柳生麦田中，红衣幼女行古道上，清河帆影片片，曲折如排蝉翼，而黄河滔滔，如在天上，景色可称丽绝。

这是20世纪早期作家梁容若在济南工作时游览华不注山后所写《登华不注山》一文片段，此文载于1933年11月14日出版的第5卷第44期《民众周刊》上。

华不注山，即华山，《山东通志》中注释“华不注”为：“喻此山孤秀，如华柎之注于水者然。”元代书画大家赵孟頫绘《鹊华秋色图》，即此山和鹊山之原始景貌。后人将此景命名为“鹊华烟雨”，列为旧时济南八景之一。

春秋时期的齐晋鞌之战即发生于此。《左传》记载，鲁成公二年

（前589），齐顷公亲率大军在今济南北马鞍山下与晋军决战。齐顷公骄傲轻敌，言称“灭此而朝食”，没有给战马披甲即开战，结果大败，齐顷公被晋军追得“三周华不注”，幸得大臣逢丑父与之更衣换位，并佯命其到山脚华泉取水，始得趁机逃脱。

北魏郦道元于《水经注》中形容“华不注山单椒秀泽，不连丘陵以自高，虎牙桀立，孤峰特拔以刺天，青崖翠发，望同点黛”。

唐李白有诗《古风》之二十赞曰：

昔我游齐都，登华不注峰。
兹山何峻秀，绿翠如芙蓉。
萧飒古仙人，了知是赤松。
借予一白鹿，自挟两青龙。
含笑凌倒景，欣然愿相从。

金兴定四年（1220），道教全真教宗师丘处机的弟子陈志渊在山南建华阳宫，内祀五帝。明嘉靖十一年（1532），山东巡抚袁宗儒改华阳宫为崇正祠，正殿祀逢丑父、闵子骞，两庑分祀铁铉等22人和黄福等19人。明万历时复称华阳宫，祀四季神。明清两代，山上还建有泰山行宫、三元宫，分别供奉碧霞元君和天、地、水三神。

华不注山远望

华山脚下

自半山腰下望华阳宫

鹊山

鹊山与华山隔河相望，耸立于黄河北岸，与泺口码头斜斜相对。其得名有两种说法：一者，相传每年七八月间乌鹊满山；二者，相传先秦名医扁鹊曾在这里炼丹，死后葬此，故名鹊山。

济南城北诸山，多秀削孤立，唯鹊山横列如屏风，鹊华并峙，“每当阴云之际，两山互连，烟雾缭绕，若离若合，凭高远眺瞩，可入画图。虽单椒浮黛，削壁涵青，各着灵异……”（《历城县志》）昔人合标其胜，曰“鹊华烟雨”，为旧时济南八景之一。山下有钟鼓二石，樵夫、牧儿争往击之，其声清越。

旧时，山的西侧有宋时创建的鹊山寺，坐北朝南，南北两院。山上及周边另有万善寺、扁鹊祠、鹊山亭、黄桑院、二郎炕等旧迹，惜历经沧桑均已毁没，仅扁鹊墓尚存于山的西侧。此墓为一土丘，立有康熙三年（1664）石碑，上刻“春秋卢医扁鹊之墓”八字。

唐宋两朝，山下有鹊山湖。一山坳中，传说有砖砌矮墙，墙上还挂有蒿帘，内有炉灶，相传为扁鹊炼丹药之处。此处时有缕缕青烟，隐现于葱茏之中，人称“翠屏丹灶”，为旧时历下十六景之一。

明刘敕《鹊山》诗赞曰：

西北开青嶂，无峰山自奇。
丹炉还历历，明月故迟迟。
桃李春开日，楼船水涨时。
许多寻胜者，到此好衔卮。

明王象春也有诗曰：

万岫千岩济水蟠，如屏孤逗出河干。
秋高乌鹊翔何事，霄汉空疑斗女寒。

泺口黄河铁路大桥与鹊山

济　南　府　镜　像

泉氲灵秀

今济南环城不一舍许，而七十二泉献秀呈奇，是造物者为之于中州，使千百年不得一售其技，亦劳而无用于神者。

——（明）晏璧《济南七十二泉诗序》

济南泉水甲天下，有“泉城”之誉。世人常以七十二名泉描述古城济南泉水之多。据考，七十二泉的说法始于700年前。金代有人立名泉碑，碑文中列举了济南72处名泉，此后，即有济南七十二泉之说。明诗人晏璧作《济南七十二泉诗》，对济南的名泉胜水一一加以吟咏，自此泉城七十二泉的说法广为传布。

其实，济南的泉水远不止72处。清沈廷芳《贤清园记》称其泉“旧者九十，新者五十有五”，共145处。1964年经实地调查，仅济南市区就有天然泉眼108处，可见济南泉水之盛。

2019年，国务院批复同意山东省调整济南市莱芜市行政区划，撤销莱芜市，将其所辖区域划归济南市。为完善该区域内名泉保护和利用工作，济南市城乡水务局组织开展了历时近一个月的莱芜区、钢城区泉水普查工作。共普查泉水223处，其中莱芜区167处，钢城区56处。加上济南其他地区的800余处泉水，济南泉水总数破千，是名副其实的“千泉之城”。

旧时的济南人，生在泉边水侧，长于柳下荷间，济南府的平缓与静谧，使济南人从容、大气中又有一种安静的气质。这些老照片均拍摄于20世纪30年代，挽着髻的女人在护城河畔濯衣、洗菜，男人在湖畔泉边会友、品茗，儿童在河畔泉边嬉戏玩水……虽然可以看出当时人们的生活并不是很好，但他们安然、从容，没有现下人的急躁与压力，也让当下的我们对那种生活充满了向往。

趵突泉

趵突泉为济南七十二泉之首，历来为文人骚客高看。

民国二十年（1931），泉池四周以石砌岸。后几经变化，形成长方形泉池，长30米，宽18米，深2.2米。趵突泉北临泺源堂，西傍观澜亭，东架来鹤桥，南有长廊围合。旧时趵突泉周边为一集市，甚是杂乱。茶摊、小吃摊随处摆设，并无规矩。人们倒是可随意观览“三柱鼎立”“水涌若轮”之奇景。

20世纪20年代拍摄的照片中，泉池周边显得有些杂乱，亭阁旁、泉池边均搭建有草棚，池岸也不整齐，倒是池中的四通石碑显示出些许古意。

旧书中载：“在泉池的西面，有一所白雪亭，亭前池水中植着许多石碑，碑上刻着‘趵突’‘游仙’‘第一泉’‘鸢飞鱼跃’‘我爱其情’等字句，那白雪亭里就是一个大鼓书场，因为那亭适靠在泉水的西面，所以比较是清雅一点。除了白雪亭以外，在趵突泉北面，有一所吕祖庙，庙里有文昌阁，里面开设茶肆和书场，游人们到趵突泉来的，大半在吕祖庙里歇息喝茶。那庙前有一带廊檐，檐下有一排白石栏杆，刚好枕在泉水上面，如果在那里坐下，口喝着香茗，耳听着潺潺的水声，眼前注视着几个滚流不息的大水柱，这情景也是十分够味的。”

有帧约拍摄于20世纪30年代的老照片，手工上色，非常清晰，照片中趵突泉三股水喷涌旺盛，稍有“水涌若轮”之态。旧书写：“……走过那座石桥，再向北去，转过几间布棚，便可以看到一个大泉池，那便是所谓趵突泉了。泉池差不多是见方的，三个泉口偏西，北边便是一条小溪流向西门去的。看那三个大泉，一年四季，昼夜不停，像喷水泉一般，老是那么翻滚，只听得‘勃勃’的声音，一股股的水从水底里直向上冒、冒、冒，冒得比水面高出二三尺，雪白的，好像一座透明的玻璃柱，又好像那池底里在架着热火烧，把池水烧开了似的翻滚。”

在1932年8月出版的《华年》杂志第一卷第十七期上，刊登了老舍先生的文章《趵突泉欣赏》，其中写道：“新近为增加河水的水量，又下了六根铁管，做成六个泉眼，水也流得很旺，但我还是爱原来的那三个。”1934年出版的《济南大观》一书在“趵突泉”条目中这样记载：“吕祖殿前三泉涌出，浪花漂越，若有激使然者，故民俗称‘三股水’。近又人工造六泉，一在桥西，一在桥东。水花浪涌，较原三泉为高。水绕殿北，会东流水，入小清河。”通过这些记载，可知当时的趵突泉最多时出现过九股水，除了原来的南北排列的三股水，其余六股是人造的，其中三股在来鹤桥西，三股在来鹤桥东。

《济南史志》第一卷的“大事记”有这样的记载：“（1931年）4月20号，趵突泉治理工程开工。10月9号竣工。深挖泉池1米，四周砌石护栏，并凿新泉三眼，每秒增加流量0.4立方米。”老照片中可见20

六股水的趵突泉

世纪30年代的趵突泉泉池中有方子木搭建的施工木架，应该即是当时“趵突泉治理工程”的场景。

1934年，济南市成立了“自来水厂筹备委员会”，当时的市长闻承烈任会长，选取趵突泉为取水点。第二年9月公布的《济南市政府周年工作报告》中记载：关于测量绘图及设计事项早经竣事；设计出管道总图，绘制出每一部分的详细位置；设计干支管线长度4万米，初步规划形成以趵突泉水厂为中心的覆盖城关和商埠区的小范围供水管网。同年7月，自来水厂土建工程开工，首先在泉池内开凿了两眼取水井，分别深9.7米和13.3米，日均出水12000多吨。1936年10月，自来水厂竣工，两个月后开始供水，日产2.2万立方米。开始送水后，济南城关与商埠的部分区域有1700户人家用上了这种直接入户的水，一户一表。

照片中还有一个喷着细水柱的东西，据老人说，这个东西叫“铁蛤蟆”或“铜蛤蟆”，就是当时的一处人造景观。

趵突泉泉池（从西南角向东北角拍摄）

趵突泉（从东向西拍摄）

民国初年的趵突泉

趵突泉三股水和碑刻

趵突泉畔泺源堂

趵突泉泉池西北角

泺源堂的游人

趵突泉泉池内搭建着维修的木架

趵突泉南门市场

黑虎泉

黑虎泉是在金代《名泉碑》、明代晏壁《七十二泉诗》和清代郝植恭《七十二泉记》中都有所著录的济南七十二名泉之一。现在的泉源在护城河东南角南岸崖壁上一幽深洞穴内。洞口由青石垒砌，内有巨石盘曲伏卧，上生苔藓，犹如猛虎深藏。

拍摄于20世纪30年代的照片中，此处只有一个人工修建的半圆拱顶洞口，其上及泉池周围都有建筑。

三个石雕虎头是黑虎泉的标志，但在一帧较为罕见的老照片中，可以看到只有一个虎头的黑虎泉。

1931年之前，黑虎泉只有中间一个虎头，《老残游记》对此有描述：

这南门城外好大一条城河，河里泉水湛清，看得河底明明白白。河里的水草都有一丈多长，被那河水流得摇摇摆摆，煞是好看。

走着看着，见河岸南面，有几个大长方池子，许多妇女坐在池边石上捣衣。再过去，有一个大池，池南几间草房，走到面前，知是一个茶馆。进了茶馆，靠北窗坐下，就有一个茶房泡了一壶茶来。茶壶都是宜兴壶的样子，却是本地仿照烧的。

老残坐定，问茶房道：“听说你们这里有个黑虎泉，可知道在什么地方？”那茶房笑道：“先生，你伏到这窗台上朝外看，不就是黑虎泉吗？”老残果然望外一看，原来就在自己脚底下，有一个石头雕的老虎头，约有二尺余长，倒有尺五六的宽径。从那老虎口中喷出一股泉来，力量很大，从池子这边直冲到池子那面，然后转到两边，流入城河去了。

据资料记载，自1931年8月3日起，市政部门对黑虎泉加以整治，前后历时63天，扩建泉池，清淤深挖，“四周砌石壁和短墙，北墙留出水口，南墙增加喷水石雕龙头两个”。自此之后，黑虎泉才有了三个虎头。

黑虎泉畔游人

黑虎泉东侧

一个虎头的黑虎泉

珍珠泉

济南府治，为济水所经。济性洑而流，抵巇辄喷涌以上。人斩木剡其首，杙诸土才三四寸许，拔而起之，遂得泉。泉莹然至清，盖地皆沙也，以故不为泥所汩，然未有若珍珠泉之奇。泉在巡抚署廨前，甃为池，方亩许，周以石栏。依栏瞩之，泉从沙际出，忽聚忽散，忽断忽续，忽急忽缓，日映之，大者为珠，小者为玑，皆自底以达于面，瑟瑟然，累累然。《亢仓子》云："蜕地之谓水，蜕水之谓气，蜕气之谓虚。"观于兹泉也，信。是日雨新霁，偕门人吴琦、杨怀栋游焉，移晷乃去。济南泉得名者凡十有四，兹泉盖称最云。

这段文字是清王昶的《游珍珠泉记》，描述虽简却神韵完足。

金末元初，山东行尚书省兼兵马都元帅知济南府事张荣，首先占据了珍珠泉，在这里造起豪华的府第。明代，此处为德王朱见磷所有。他大兴土木，扩建为德王府，规模宏大，占地甚广。据《历城县志》记载：府内"泉眼以数十计"，其中濯缨湖"广数十庙，蓄鱼无数"。濯缨湖即王府池子。

明崇祯十二年（1639），清兵攻占济南，德王府大部毁于战火。清康熙五年至六年（1666—1667），山东巡抚周以德以德王府中心地带为基础，缩建为巡抚衙门，形成了现在的规模。

民国时期，这里成为山东省都督府。七七事变后，时任省主席韩复榘南逃时，将省府大部建筑破坏。日军飞机亦曾轰炸此地，遂成废墟。

新中国成立后，政府对珍珠泉大院重新加以修葺。1979年12月，这里成为山东省人大常委会驻地。

珍珠泉旧时照片存留不多，从现有旧照中可见，其泉池广阔，为济南诸泉之最。只是“珍珠”上冒之景以当时的技术难以拍摄，所以今日所见大多为泉池及周边庭院之景。

珍珠泉泉池

珍珠泉畔景色

珍珠泉泉池西侧河流

珍珠泉院内景色

明湖风月

荷叶荷花何处好？大明湖上新秋。红妆翠盖木兰舟。江山如画里，人物更风流。

千里故人千里月，三年孤负欢游。一尊白酒寄离愁。殷勤桥下水，几日到东州！

——（金）元好问《临江仙》

大明湖历来被称为济南第一名胜，其名最早见于1400多年前北魏郦道元的《水经注·济水注》：“泺水北流为大明湖，西即大明寺，寺东、北两面则湖。”但此处所指大明湖在今大明湖南五龙潭一带，今大明湖一带水域当时名“历水陂”。另有史料载，大明湖南至濯缨湖，北至鹊山和华山，也就是说现在的大明湖、五龙潭和北园一带是一个连为一体的大湖，阔数十里，平吞济、泺二水。六朝时，因湖内多生莲荷，曾称“莲子湖”，隋唐时亦用此名（见段成式《酉阳杂俎》），又名“历水陂”。宋时又有“西湖”之称。

明湖胜景自唐代起就名扬四海，宋时曾巩曾有诗道：“问吾何处避炎蒸，十顷西湖照眼明。”可知大明湖当时已是消暑游憩之地。北宋熙宁五年（1072），曾巩任齐州（即济南）知州，为防水患，修建了北水门，引湖水出城，使得湖水水位经年恒定，其后又沿湖修建亭、台、堤、桥，使之渐具人文气息，成为济南胜景。

自金代起，大明湖专指城内湖区。诗人元好问在《济南行记》中始称“西湖”（历水陂）为大明湖。明代重修城墙后，大明湖初成今日形貌。经过清淤整治，植荷栽柳，至清代已成“四面荷花三面柳，一城山色半城湖”之秀色。

大明湖之水来源于珍珠、濯缨、芙蓉诸泉，号称“众泉汇流”。其周边历代建筑甚多，素有“一阁、三园、三楼、四祠、六岛、七桥、十亭”之说。

明末清初，大明湖北岸始有五个村庄，100多户人家，世代以种植湖菜、捕鱼捞虾、撑船载客为生，人称“湖民”。湖民以土成埂分割湖面，埂内即为湖田，大小不一，不可计数。各家于己“田”里种莲藕、蒲菜，养鱼、虾等，收获后拿到市场上出售。湖田成为大明湖一直延续到民国时期的特殊景观。1949年土改时，大明湖还有湖田750亩，湖民人均分得3亩。也有人家分不到湖田，就靠在湖面上撑船载客为生，人称“船户子”。

济南古有八景，其中“鹊华烟雨”“佛山倒影”“汇波晚照”“明湖秋月”四景皆在大明湖，可见其景致之多且佳妙。

旧时描写大明湖景致及建筑最为详尽者，应为1936年倪锡英于上海中华书局初版发行的《济南》一书。此书对济南各处风景名胜有详细记述，尤其对大明湖的记载可说是新中国成立前大明湖最翔实、最直接、最生动的记述文字。

民国时期，还出版有《山左十日记》一书，芮麟著，太湖书店1934年初版，书中也有大篇文字记述了大明湖的秀美风貌。

画舫

大明湖上的游船以画舫最为漂亮，最吸引人。倪锡英《济南》中记载：

> 普通人游览大明湖的时候，多半要坐了船去的。在大明湖里的游船有两种：一种是画舫，一种是小划子。画舫的式样，很像南京秦淮河和苏州阊门外“灯船”，而内部的布置却又胜于灯船。每一只画舫的容积很大，可以坐二三十个游人……仿佛是水上亭阁一般。船头是平正的方形，前面有一个轩敞的弧形的棚盖，在那栏杆间雕染着金色的花纹，棚前有一块横匾，上有名人手笔的题字，就是这画舫的名字，两旁悬着硬板对联，好像人家的水阁似的。
>
> 那画舫行动起来，不用橹摇，而用竹篙撑着走，因此船身很平稳。舟子一篙一篙慢慢把船移动，玻璃窗里的湖景一幅一幅的流过，静静的听得船底下的水声，隔岸枝头上的鸟鸣，那情景是十分令人神往的。

旧时，画舫在闲时大都停靠在司家码头附近，多时可停泊20余艘，甚是可观。

行雲流水

大明湖画舫停泊处

大明湖划子

历下亭

历下亭位于大明湖中心小岛上，因南临历山（千佛山）而得名。

此亭历史悠久，历经沧桑，位置多有变迁。北魏时在五龙潭处，郦道元《水经注》称“客亭”，是官家为迎宾接使所建。唐初始称历下亭。唐天宝四年（745），杜甫到临邑看望其弟杜颖，路经济南，适逢北海太守李邕至济，在此亭宴请杜甫及济南名士，即赋《陪李北海宴历下亭》诗一首，其中“海右此亭古，济南名士多”成为吟咏济南最有名的诗句。据《旧唐书》记载，天宝元年，齐州曾改为临淄郡，故此亭当时也称“临淄亭”，杜甫《八哀诗》有“伊昔临淄亭”的诗句。唐末，历下亭渐废。曾巩在齐州任职时，将亭重建于宅后，之后屡有兴废。至清初，山东盐运使李兴祖于康熙三十二年（1693）在大明湖现址购买乡绅艾氏地产重建历下亭，规模更为宏大，坐北朝南，颜额为“古历亭”。竣工后，又在亭西偏南筑土垒石，建轩宇三间，轩西为宽阔的水域，晴空下，天光水色，一片蔚蓝，故题额“蔚蓝轩”。

如今，历下亭矗立在岛的中央，八角重檐，攒尖宝顶，红柱青瓦，斗拱承托，饰以吻兽，蔚为大观。亭身空透，檐悬清乾隆皇帝书写的“历下亭”匾额，内设石雕莲花桌凳。亭北为名士轩，坐北朝南，面阔五间。匾额“名士轩”三字，为1911年春朱庆元书丹。楹柱上悬挂著名作家郭沫若题写的对联：“杨柳春风万方极乐，芙蕖秋月一片大明。”轩内西壁，嵌唐天宝年间北海太守、大书法家李邕和大诗人杜甫的线描石刻画像；东壁嵌有清代诗人、书法家何绍基题写的《历下亭》诗碑。亭南偏西，与长廊相连处有御碑亭，内立清乾隆十三年（1748）乾隆皇帝撰书的《大明湖题》诗碑。亭东大门楹联集杜甫诗句“海右此亭古，济南名士多”，为何绍基手书。

整个岛上，亭台轩廊，高低错落，花木扶疏。特别是秋天，湖水荡漾，秋水碧波，被称作“历下秋风”，为古时济南八景之一。

大明湖历下亭岛畔景色

历下亭外围画舫

张公祠

汇波楼南建有张公祠，是清山东巡抚张曜的祠堂。

张曜是晚清有名的能臣干吏，光绪十二年（1886）升任山东巡抚，在任期间多有仁政。逢山东各地遭受水旱灾害，他总是积极组织救灾，并拿出自己的俸金，还动员其他官员也捐俸助赈。每逢黄河汛期，他都亲临坝上，指挥抢修堤防。他还积极植树造林，在黄河大坝和泺口到城里的道路两旁遍植柳树。这些柳树被人们称为“张公柳”。张曜死后，济南民众感念其恩德，尊他为“黄河大王”，并在大明湖畔为他修建了祠堂。

20世纪50年代，曾公祠坍塌，在重修过程中，合并了附近的晏公台和张公祠，并将张公祠的原建筑改为曾公祠的祠堂，整个院落也改称南丰祠。

張公祠

李公祠

李公祠位于大明湖南岸，建于清光绪三十年（1904），占地面积1400平方米，是为李鸿章建的生祠。据旧书记载，祠内有许多怪石堆成的假山，在山石下还有一条清澈的小溪，亭台楼阁极尽华丽。正殿供着李鸿章的神位。殿后有飞龙楼，楼后为觉沤亭，是杨士骧所建。祠外有座六角亭，四面护着白石栏杆。

约拍摄于20世纪30年代初的照片中，从湖上远看，李公祠十分雄伟，各种建筑虽略显破旧，但还完整，加上湖中芦苇残存，岸上杨柳依依，一派古朴的村野之味。1961年，李公祠改为辛稼轩纪念祠。

李公祠外九曲亭

铁公祠

铁公祠坐落于大明湖北岸，是为纪念明代名臣铁铉而建的祠堂。庭院呈长方形，四周环以曲廊，南临湖岸。院内有铁公祠、佛公祠、得月亭、湖山一览楼、小沧浪亭等建筑，是大明湖公园的园中之园。

铁公祠曾遭破坏，清乾隆五十七年（1792），山东盐运使阿林保重建，由祠堂、小沧浪亭、得月亭、湖滨长廊、荷花池等组成。

照片中的建筑与今无大变化。

北极阁

北极阁又名北极庙、真武庙，坐落在大明湖东北岸，为道教庙宇。

该庙建于元至元十七年（1280），筑在7米高的石镶土台上。正殿在中央，坐北朝南，后有启圣殿，面阔各三间，东西配庑殿，门厅左右是钟鼓二楼。院内银杏翠柏，古意颇浓。正殿佛龛内塑有真武坐像。殿内神像曾被毁，现在所立为新塑。照片中神像颇多，威猛高大，与今日所见颇为不同。

启圣殿为明成化初年德王所建，塑有圣父母的坐像。

置身北极阁上，视野开阔，远可眺望城南重峦叠嶂的群山，近可一览秀丽多姿的明湖景观，湖光山色，尽收眼底，是观景的理想去处。老照片中即有此绮丽景色，只是那时的大明湖湖田遍布，无“大明”之阔，却多了几分乡野之趣。

北极阁内神像

北极阁内神像

汇泉寺

大明湖东南隅水中有一小岛，其上绿树森森，芳草萋萋，十分清幽，为夏日避暑胜地。过去，济南城内众泉多从此处汇入大明湖，所以这小岛上的一眼清泉便被命名为“汇波泉”，建于这里的寺院也就叫作“汇泉寺”。

该寺始建年代不详，但据清钱塘人吴华《重修汇泉寺碑记》载，该寺曾于清嘉庆五年（1800）由当地盐商茅、张二氏重修，是年孟夏落成，随后又召集同仁，每月捐资，聘请信一和尚为住持。该寺原为两重院落，东侧依次为佛殿、关庙、公输子祠、文昌阁等建筑。佛殿为正殿，内供佛像。偏西为精舍四楹，名曰“薜荔馆”，颇为雅致。清末民初，这里香火颇胜。

至新中国成立初期，寺院建筑大多倾圮，仅剩大殿三楹、耳房三间。1958年辟建大明湖公园时改建，命名为“汇泉堂”，置为棋社，为济南棋坛高手聚会之地，游人也可来此享受垂钓之乐。

成仁祠与伴月亭

成仁祠位于北极阁西侧，建于1937年，是当时国民政府陆军五十八师为纪念江西阵亡将士而建，是大明湖中建成最晚的祠堂。

成仁祠现已不存，一帧拍摄于20世纪30年代末的手工上色的照片显示，该祠为典型的北方祠堂式建筑，只有一进院落，北侧建有成排房屋。

院落正中即伴月亭，六角尖顶，白柱青瓦，饰以彩绘，整体看上去小巧玲珑，典雅别致。半月形白玉栏杆显得典雅圆润，颇有南方园林小景之趣。

小沧浪亭

小沧浪亭是清乾隆五十七年（1792）山东盐运使阿林保仿苏州沧浪亭格局修建，故名。位于铁公祠南侧，临湖而建，面山傍水，绕以长廊，三面荷池，环境清幽。

此亭中心为三间水榭，四面出厦，四周饰以雕花隔扇，正面上悬“小沧浪亭”匾额。前临碧波荡漾的湖水，左右接紧临湖回廊，两侧及后方都是曲池，遍植荷花。东面高高的台基上建有得月亭。西面是镌刻有“四面荷花三面柳，一城山色半城湖”楹联的小洞门。北面是湖山一览楼。

清代文学名家阮元在济南做官时，作有《小沧浪亭宴集诗序》，其刻石嵌于小沧浪亭西洞门北侧的墙壁上，至今犹存。

湖田

新中国成立之前，大明湖中遍布湖田，农户各栽芦苇为界，湖上游船只好在湖田中曲折行进。老舍先生在《大明湖之春》中曾这样描述大明湖的湖田：

> 湖中现在已不是一片清水，而是用坝划开的多少块“地”。“地”外留着几条沟，游艇沿沟而行，即是逛湖。水田不需要多么深的水，所以水黑而不清；也不要急流，所以水定而无波。东一块莲，西一块蒲，土坝挡住了水，蒲苇又遮住了莲，一望无景，只见高高低低的“庄稼”。艇行沟内，如穿高粱地然，热气腾腾，碰巧了还臭气烘烘。夏天总算还好，假若水不太臭，多少总能闻到一些荷香，而且必能看到些绿叶儿。春天，则下有黑汤，旁有破烂的土坝；风又那么野，绿柳新蒲东倒西歪，恰似挣命。所以，它既不大，又不明，也不湖。

新中国成立后，湖田经过土改，一律收归国有，这才把湖中的田埂去掉，剪伐芦苇，连成一片。

北极阁下湖田

大明湖的荷田

大明湖湖民

采莲蓬的湖民

明湖畔的济南时尚美女

本组照片约拍摄于20世纪30年代，手工上色，背景为大明湖北岸多处古迹，照片中的女子均穿着旗袍。这一时期旗袍款式的变化主要集中在领、袖及长度等方面。先是流行高领，继而又流行低领，甚至流行起没有领子的旗袍。袖子的变化也是如此，时而流行长的，长过手腕；时而流行短的，短至露肘。至于旗袍的长度，更有许多变化，长的旗袍走起路来衣边扫地，短的旗袍通常都在膝盖以上。

照片中的女子今天看来也颇为时尚，在当时更是领风尚之先。她们身上的旗袍、脚下的皮鞋，以及发型、饰物，都颇有韵致。碧荷、画舫、古庙、假山、残墙等这些在当时看来毫不出奇的背景，正是今天最为流行的新古典美学元素，呈现出一种婉约的古典美。

歷下亭

山北之河

一曲溪流一板桥，浣衣石面汲泉瓢。
家家屋后停针女，树底横舟手自摇。

注：北地妇女见舟不知名，呼为漂屋。惟济城之中横溪，溪上架桥，桥下维舟，家家屋后，具有乐地，虽稚子妇女，有操舟之能，殊诧见哉。

——（明）王象春《北溪》

济南是一座“生”在水上的古城，泉水自不必多说，甲于天下。除了泉水，济南的河也是个性独特，有独步天下之奇。

从城内到城外，济南最重要也最具风情的河有三条：护城河、小清河、黄河。

护城河

济南有内外两条护城河，外护城河即圩子壕，通常所说的护城河是内护城河。

济南的护城河始建于汉代，后不断改建。到西晋永嘉年间，济南城市范围已和现存的老城区相差无几。明洪武四年（1371），原土质城墙改为砖石包砌结构，城周十二里四十八丈，护城河“绕城一周，池阔五丈，水深三尺”，由娥英水、泺水等汇聚而成。清咸丰五年（1855），黄河夺济水故道入海，使济南的水文环境又一次发生巨大变化。官府组织人力对小清河截弯取直，泺水遂成为小清河上游，经黄台达羊角沟入海，这也使得济南的护城河成为重要的航运通道。

泺水自古便有舟楫之利，早在《水经注》中就有记载。曾巩《齐州二堂记》也说：“趵突泉……其注而北则谓之泺水，达于清河以入于海，船通于济南，毕于是乎也。”泺水不仅是小清河的上游，而且沟通了大清河，承担着繁重的海盐运输任务。同时，城内居民所需要的农副产品也要经泺水转运入城。明王初桐有“泺口腥风圆月天，海鲜新到利津船；东人最重泺河鲫，贩进城来更值钱”的诗句，正是这种情况的生动写照。

1935年，东护城河的晌闸处建成一座10千瓦水力发电站，白天可加工粮食，夜晚给当时的建设厅、教育厅等机关供电照明。20世纪40年代，新东门外巽利桥北侧的护城河建成一处养鱼场，旨在推广优良鱼种和养殖技术。

济南的圩子壕是清同治年间修筑圩子城时挖凿而成的。整条圩子壕全长20余公里，除防御功能外，更主要的作用是泄洪。老济南人习惯将圩子壕分为南圩子壕、西圩子壕和东圩子壕。

护城河上曾有一处旧迹——太公钓鱼台。据传，旧时济南曾有三处钓鱼台，一处在东郊外的龙洞、佛峪，一处在渴马崖，还有一处在距黑虎泉不远处。明崇祯《历城县志》记载：“钓鱼台，黑虎泉前面，悬崖高峙，俗传太公垂钓处，一在渴马崖。”1914年出版的《济南指南》沿用了这个记载：“钓鱼台，旧志云在黑虎泉前面，悬崖高峭，俗传太公垂钓处，一在渴马崖。”1934年印行的《济南大观》文字稍有变动：“钓鱼台在佛峪南，旧志云在黑虎泉前面，悬崖高峭，俗传太公垂钓处。”

护城河畔浣衣、洗菜，也是老济南人最熟悉的水边生活方式。

城墙外护城河

济南城内河流及民居

西门外护城河上停泊的小清河货船

东护城河洗衣风景

民居间的小河

小清河

元于钦《齐乘》："古泺水自华不注山东北入大清河，伪齐刘豫乃导之东行，为小清河。"明刘敕《历乘》："小清河，水出大明湖，环城而东，合黑虎泉诸泉之水，东北绕华不注山，经章丘、邹平、新城诸县入海。此刘豫之运河，今迷其故道。"

旧时，小清河干流自历城以下，大致与古济水流经地区相同。唐代改称清河。北宋称北清河。北宋熙宁年间（1068—1077），黄河决溢，合北清河入海，从历城东北又决出一股新道，北流入济阳县境，与漯水合入渤海，其流经地区大致与今之历城以下黄河所行地区相同。此后黄河多次经此道入海，河道逐渐宽广，历城以下济水则源短流微，渐趋堙塞。齐刘豫时期（1130—1137），为排涝防洪并利舟楫，大致循历城济水故道，挑挖疏浚，使其独流入海。为增加水源，在华山（今历城县华山）下筑下泺堰，使源于济南各泉的泺水注入新开的河道。由此，称由东平经平阴、长清、历城、济阳等地入海的北清河为大清河；称由济南东流的新开河道为小清河。

小清河在元、明、清及民国时期均有疏浚，河道亦屡有变迁。上游泺水、巨野河、绣江河等时而北注大清河，时而注入小清河。1855

年，黄河夺大清河入海，河床高悬，泺水等河不能入黄，泺水成为小清河上源，泺水之名遂废。

清光绪十七年至十九年（1891—1893），盛宣怀奉命整治小清河，经疏浚治理，使之成为山东省重要的航运和排洪河道。清光绪三十年（1904），济南西郊睦里庄玉符河东堤建闸，引玉符河水东流入小清河，自此小清河上源向西延至睦里闸。小清河自睦里庄东流，经济南市区、历城、章丘、邹平、高青、桓台、博兴、广饶和寿光8县，于羊角沟东注入渤海。

自古以来，山东渤海湾盐业之发达在全国首屈一指。清末和民国时期，羊角沟辟滩广晒，开晒滩池达千余个，年产原盐百万余担。寿光海盐大多通过小清河运至上游，到达济南后在济南市区东北黄台板桥村东、小清河南岸的黄台码头卸船。黄台港是小清河沿线第一大港，寿光盐运到济南后，在此设有盐垣囤积，再由车运至泺口港，然后入黄河分运至山东53个州县、河南省归德府属8县以及江苏、安徽一些县。

1906年4月，南起胶济铁路黄台站，北至小清河黄台码头的清泺小铁路建成通车。1913年，清泺小铁路由轻便窄轨改建成标准轨，并与津浦铁路泺口站相连接，改称津浦铁路泺黄支线。至此，黄台港成为铁路、水路联运，小清河、黄河联运的重要枢纽。

据记载，旧时小清河的主要码头，在济南范围内的除了黄台码头外，还有标山、成丰桥、板桥、北关铁桥、太平湾、西门等。民国时期，商船还可航行至城内西门装卸货物。20世纪50年代，仍可停靠成丰桥客货码头。

在抗日战争和解放战争中，小清河被解放区军民称为“炸不烂的水上钢铁运输线”。新中国成立后，小清河被定为“全国五大战备水道之一”。

老照片中的小清河河道不宽，但水波平缓，河岸甚低，人可直接上船；河岸上绿柳成荫，景色亦秀丽朴拙，颇具北方河流之典型面貌。码头上船只济济，船桅林立。

小清河远眺

济南城边小清河某码头

繁忙的小清河码头

小清河黄台桥码头

济南城边小清河某码头停靠的船只

小清河某码头

睦里庄闸

小清河旁纸厂

小清河卫闸

鲁丰纱厂外围小清河

小清河绣江河大桥

小清河上的帆船

黄河泺口段

泺口，位于济南北部小清河与黄河之间，是古代泺水汇入济水的地方，是跨越黄河北出济南的门户，也曾是济南的一个重要码头。古时，有人将“泺口”写作“雒口”，“雒”与“洛”相通，所以“泺口”也称“洛口”。

泺口在明朝已成为繁华的码头。当时，济南、泰安、东昌、兖州、沂州、曹州等地所用的食盐都由泺口转运，木材、药材、毛皮等货物也在这里集散。1855年，黄河改道，夺大清河入海，泺口更成为黄河沿河重镇，下可直通大海，上及鲁南、河南、山西等地，贸易兴盛，店铺林立，人称“小济南”。

1906年4月，连接小清河黄台码头和泺口码头的一条轻便铁路支线正式建成通车，即清泺小铁路。铁路全长6公里，连接两大码头，成为货物运转的主要通道。黄台码头和胶济铁路小清河黄台站之间，又有铁路支线相连。

1925—1926年，张宗昌督鲁期间，开挖了一条近7公里的人工河道，在凤凰山下建凤凰闸，与小清河相通，当时称新引河，即现在的工商河，沟通了小清河、黄河与火车站之间的交通，对当时的货物运输起到了巨大作用。

1927年，张宗昌又在泺口和成丰桥之间修了一条马路，因张宗昌号称“义威上将军”，故称义威路。义威路对于沟通泺口码头和商埠起到了至关重要的作用。全国各地自水路来的货物通过这条路进入商埠，在商埠区内加工的各类商品也通过泺口运往全国各地。

泺口南岸码头被称为“上关道口”，是官渡码头；还有一个较小的民渡码头在上关道口东三四百米的地方，称为“下关道口”。黄河北岸与其相对的码头并不固定，有时根据水流的情况，船被冲到北岸后，在哪里停下便在哪里靠岸，因此又称为漂浮码头。

老照片中，黄河南岸码头有多处，停泊带桅杆之大船者为货运码头，坡岸边较小的码头多为摆渡过河百姓的客运码头。

黄河泺口全景

泺口码头

泺口渡船过河的场景

泺口渡船

泺口镇

济　南　府　镜　像

巍巍城垣

三山不显出王位，四门不对出高官。

——济南俗语

“三山”是指旧时济南城里的三座“山”。说是山，其实就是高出地面的三块大石头，故老相传，为历山、铁牛山和灰山。这三座“山”分别位于历山顶街、庠门里街和二郎庙街（汇泉寺街）。在地图上将这三座“山”用线连起来正好成一正三角形，位于三角形中心的恰是历城县衙，是有意为之还是巧合，很难确定。

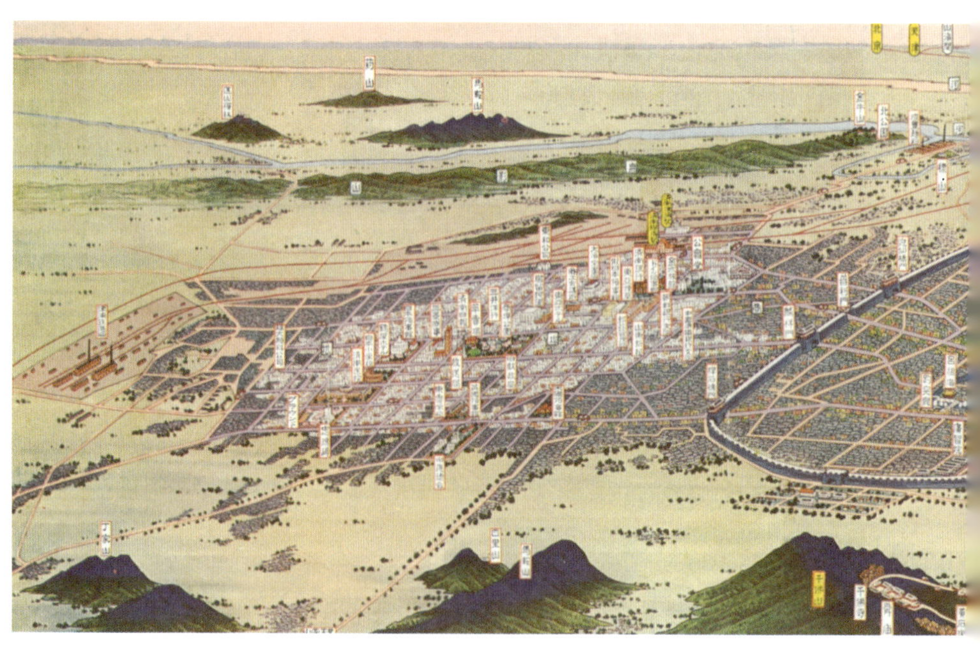

“四门不对”是指旧时济南城的四个城门东西、南北互不相对。济南城原有四门：东门称齐川门，偏北，济南之前是齐州州城，历水流经此门外，故而得名；南门称舜田门，偏东，因正对舜耕山（即千佛山），故而得名；西门称泺源门，偏南，因临近泺水发源之趵突泉，故而得名；北门称汇波门，居中，此门为水门，因其位于大明湖东北角，城内众泉汇流于湖而由此外泄，故而得名。

明洪武四年（1371），济南将原有的土质城墙改为砖石包砌结构，城周十二里四十八丈，高三丈二尺，阔五丈，城垣大致为方形，坐北

新興の済南市圖繪

朝南，迎山接水。城墙上建有四座城楼，分别是南门上的舜田楼、西门上的泺源楼、东门上的齐川楼和北水门上的汇波楼。

据载，泺源楼为箭楼形制，单檐封闭式，正面上下三层，每层有十个方形箭窗。舜田楼、齐川楼、汇波楼均为木架承重、重檐斗拱、二层回廊式。

1928年，舜田楼、齐川楼、泺源楼均因战火严重损毁。1931年韩复榘入主山东后，因无力修复，索性全部拆除。为方便汽车行驶，又将部分城墙改建为全国少见的城头马路，当时称为城上汽车道。这条奇特的马路，起点在泺源门口，建有一条斜坡通到城头上，可以并排行驶两辆汽车。马路于城墙上绕城一周，从泺源门另一侧斜坡下来。汽车道两旁还留有人行的余地。旧时很多有钱人开车上去兜风，也有人坐了公交车上去兜一圈。

东、南、西三座城门外还建有瓮城，大致为半圆形。自1928年日军拍摄的航拍照片中可以清晰地看到泺源门外的瓮城。

内城墙上还建有两座角楼，分别是西南角的观风楼，东南角的九女楼。九女楼最初为三间楼房，飞檐回廊式，用于储存武器。清道光五年改称魁星楼。民国时期改建为西式平房，设立气象测候所。济南战役中，解放军从这里突破城防，攻入济南城，一举解放济南。新中国成立初期，济南城墙被拆除，此东南角被保留，改为解放阁，由陈毅元帅题字。但此处长期有台无阁，1985年于台上建阁，1986年9月24日落成。

济南还有一道城墙，即圩子墙。

清同治年间，山东巡抚丁宝桢为防捻军，于外城建土圩子墙，周广四十里。同治四十年，圩子墙范围缩小，改为石圩子墙。共建七门，东南为永固、南为岱安、西南为永绥、正西为永镇、西北为济安、东北为海晏、东为永靖。只有北面因地势低洼多水，两墙合而为一，“自东北至西北长三千六百七十丈，高一丈二尺，基厚一丈五尺，顶厚一仗，垛口为三千三百零九个”。光绪年间，又于内城开便门四，东门之南曰巽利，南门之西曰坤顺，西门之北曰乾健，北门之东曰艮吉。

清末民初，又在圩子墙上增开四处城门，永镇、永绥两门之间开两门：光绪三十二年为通商埠的经二路开增开普利门；民国五年为通商埠的经四路增开麟祥门。宣统二年，为新建齐鲁大学，于永绥、岱安两门间开新建门。民国二十一年，又于圩子墙东南角开辟中山门。至此，圩子墙上共有19道城门。

济南旧时城墙之照片，四面城墙及城门、城楼均有，可以大致一览济南城墙之风貌。

济南城墙西北角航拍

济南城墙

东门外城墙

清末民初的济南城墙

西门

南门

北城门（汇波门）

济南城门

济南城门

济南城门

东南角（九女楼）

杆石桥门城楼

普利门

古迹旧筑

元于钦之言曰，济南山水甲齐鲁，泉甲天下。佛山明湖而外，冈峦岭峪之起伏，济泺河流之漫衍，远则千山拱卫，近则百泉奋涌，亭观池沼，错落其间，名胜古迹，不可殚述。

——王化东《济南名胜古迹辑略自序》

开元寺

开元寺在千佛山东南佛慧山峰下。隋代佛家便已抵此。唐开元年间，此处建佛慧寺。北宋景祐年间重修。明初，济南城内开元寺被官府占用，僧众徙居于此，改称开元寺。直至清末，开元寺依然香火旺盛。新中国成立后，开元寺已无僧人。由于长时间无人管理，当地农民开始拆除寺庙的砖木砌房、烧火，开元寺逐渐毁弃。

寿圣院

寿圣院位于龙洞山中。史料载，寿圣院又名龙洞寺，始建于西晋，寺内奉祀龙神。北宋治平四年（1067），宋英宗诏赐“寿圣院”。因天旱“祷雨必应”，故宋神宗元丰二年（1079）七月，又封此处龙神为“顺应侯”。金皇统年间，再晋封为“灵惠公”。民国时，此院仍存，有范纯仁、宋齐贤题名及元丰碑，殿内祀龙王、龙子、龙女、金龙等神像，香火盛极一时。如今寺院已倾圮。

寿圣院牌坊

俯瞰寿圣院

秦琼故宅

秦琼，字叔宝，山东历城人，隋唐名将，官至左武卫大将军，封胡国公，死后陪葬昭陵。相传秦琼府邸就建在五龙潭旁，后人就地建祠，明代时于此建有霖雨亭，民国时期尚存“唐叔宝故宅”五字石碑。日军侵占济南后，这一带被改建为济南医院。20世纪80年代，在五龙潭畔出土了“唐左武卫大将军胡国公秦叔宝之故宅”石碑。

秦琼故宅之说，最早见于元代著名文学家张养浩的《复龙祥观施田记》：“闻故老言，此唐胡国公秦琼第遗址，一夕雷雨，溃而为渊。”清乾隆年间，著名学者桂馥在五龙潭畔建造潭西精舍，其《潭西精舍记》云：“历城西门外唐翼国公故宅，一夕化为渊，即五龙潭也。”本来在《复龙祥观施田记》中还是“闻故老言”，桂馥文中却十分肯定地指明五龙潭就是秦琼故宅。

民国时期的老照片中，秦琼故宅内无甚建筑，只存参天古木及石碑数通，没有宅院痕迹。

据考古及文献考证，此处并非真正秦琼故宅。1995年，济南市经七小纬六路银行宿舍楼施工中，发现一座石室墓葬。清理墓室时，考古人员发现了秦爱墓志铭。从墓志铭得知，秦爱正是秦琼的父亲，贞观二年（628）改葬于齐州历城县怀智里。根据铭文出土的地点，今天的经七小纬六路一带在唐代当属怀智里。按唐时“里”的范围，五龙潭一带显然不可能同属怀智里。由此可见，秦琼故宅位于今北大槐树一说更有可能，而过去传说秦琼故宅即今西门外沙苑、五龙潭等处之说应为误传。

李攀龙墓

李攀龙（1514—1570），字于鳞，号沧溟，历城人。明代著名文学家，继“前七子”之后，与谢榛、王世贞等倡导文学复古运动，为“后七子”领袖人物，被尊为“宗工巨匠”，主盟文坛20余年，其影响及于清初。其墓惜于1975年平整土地时被毁。此民国旧照上亦能见残败之相，只是尚完整，周围为田地，颇有荒凉之感。

闵子骞祠

闵子骞（前536—前487），名损，字子骞，春秋末期鲁国（现鱼台县大闵村）人，孔子高徒，在孔门中以德行与颜回并称，为七十二贤之一，以孝著称。闵子骞死后葬于济南，其后代即迁居齐国，为先人守墓。北宋熙宁七年（1074），济南太守李肃之在闵子骞墓前立碑并建祠堂，祠内供奉闵子骞塑像，苏辙撰《齐州闵子祠记》五百余言，由其兄苏轼书写，刻碑立于墓前。此后历代对闵子骞墓、祠均有修葺。至20世纪60年代初，闵子骞墓及其附属建筑仍保存完整。

泺口黄河铁桥

泺口黄河铁桥，1909年开工建设，由德国孟阿恩桥梁公司垫资，并由其设计和监造，桥梁钢件均由德国制造进口，1912年竣工。全桥12孔，长1255米，耗银4545600两。悬臂梁跨度164.7米，是当时中国跨度最大的悬臂式结构桥，也是民国初年济南的一大“西洋景”。

旧书中描述：“我们试向黄河铁桥上小立片刻，对着黄河作一度展望，那么这情景实在是伟大的。你可以看见一座纯钢铁的大桥横跨在黄河面上，那巨大的铁梁的影子，静静的映卧在水波上，而黄河的水却是一片苍茫地向着东面奔流着，对着这历时四载、耗资千万的大桥，好像不值一顾的急流过去，刚好形成了一个自然力与人为力的对比。如果望得远一点，那么可以看见那黄河两岸的河堤，仿佛城垣一般的谨防着黄河的水流，又好像一个樊笼里囚着一条猛兽一般。在那河岸的上面，沿岸长着深绿的林荫，有些河兵们在走动着，他们是在防着、在修筑着，而河水有时激动起来，不断地向堤岸边打过去，这又是一幅人类与天然斗争的图画。”

泺口黄河铁路大桥合龙时场景

黄河铁桥近景

黄河铁路大桥桥头

1937年底，被炸毁的黄河铁桥

“齐鲁总制”牌坊

“齐鲁总制”牌坊位于老城的中心位置，后被韩复榘拆除。牌坊为木石制，气势宏伟。自清末照片可见，其两侧为集市，摊位济济。民国成立后，集市如旧。直至1930年，韩复榘主鲁时，以拓宽马路为由，将牌坊拆除，集市解散。

山东省政府大院

山东省政府大院位于老济南城中心，有东区、西区两条建筑中轴线。据史料记载，省府大院是明清时期的济南贡院和布政使司署合并后的一部分，东区为明清时期的济南贡院旧址，是山东举行省级科举考试的地方，至今已有600余年的历史；西区为高级官署所在地，据考证历史近千年。

西区的历史至少可以追溯到北宋年间。北宋的齐州知州衙门、济南府知府衙门，是最早兴建的官署。当时知州官署的建筑规模不大，集中在大院西区南半部。元代，这里是山东东西道肃政廉访司驻地，规模扩大，西区北半部的后园也被纳入其中。

明代，设山东承宣布政使司，为省级最高行政机关。明洪武九年（1376），山东布政司由青州迁至济南，济南遂成为山东省会。明天顺四年（1460），重修布政司署，内部设施趋于完善。清乾隆《历城县志》对当时的建筑布局有记述：中为正堂，高四十尺，前有砖砌的月台，石栏环抱；正堂的南面建有三座门，左右两侧是配房；正堂的北面建有官吏休息、居住的房舍；整个布政司署有房340间。后虽遭火灾，但重建后规制基本没变。现省府大院的南大门即为原布政司大门，是大院唯一保存下来的明末建筑。

清沿明制，布政司俗称“藩司”，负责全省的财赋、民政、人事等，降为巡抚院署下的职能部门，官署驻地依旧，规模也没有大的变化。

辛亥革命后，这里成为巡按使公署，不久改为省长公署。

1928年，国民党山东省政府在泰安成立，次年进驻济南珍珠泉大院，这里改为省民政厅驻地。

1937年12月，日军侵入，济南沦陷后，省级伪政权机关“山东省公署”“山东省政府”均驻在这里。

1945年日本投降，这里被国民党山东省政府接收。

20世纪三四十年代的旧照中，伪山东省公署的大门洞及院内景貌基本如旧，可看出当年的旧貌。

山东省省府航拍

伪山东省公署大门门洞

伪山东省公署三门

济南镇守使署

镇守使是北洋政府时期的临时军事官衔编制，设置于边疆、重要大城市等军事要地，其官署称镇守使署。济南镇守使署设在城区中心东侧皇亭内，即后来的皇亭体育馆一带，大堂的建筑形制类似巡抚大堂。

1916年5月，马良出任济南镇守使，1920年9月裁撤；1922年5月，再次设立济南镇守使，由施从滨出任，后由王学彦接任。1928年，各镇守使署裁撤。

济南镇守使署

济南镇守使署门前练武的士兵

山东省立图书馆

1909年，山东省立图书馆建于大明湖畔，典型的馆园结合式建筑，是全国建立较早的省级公共图书馆之一，初建时称山东图书馆。据《山东创建图书馆记》载，山东提学使罗正钧于省城旧贡院东北隙地创建图书馆，仿浙江宁波范氏天一阁旧制，院内古木假山，曲水拱桥，极为风雅别致，人称“历下风物，此为最胜”。1915年冬，改馆名为山东公立图书馆，隶属山东省长公署。1929年夏，改称山东省立图书馆，隶属省教育厅。时任山东省教育厅厅长的何思源任命著名学者王献唐为馆长。

抗日战争爆发后，图书馆的建筑、设备、藏书都遭到了严重破坏。1937年12月，日军侵占济南，图书馆惨遭抢掠焚烧，玉佩桥以东的海岳楼、宏雅阁等建筑全部付之一炬，留存馆内的图书文物损毁殆尽。1938年5月起，日伪政权派人修理残毁房屋，在海岳楼旧址改建抱壁堂，搜集散佚图书，补充新旧书籍。

抗战胜利后，图书馆被国民党军队占据，先为行辕，后为军火仓库。

山东省立图书馆

山东省立图书馆遐园

齐鲁大学学堂

齐鲁大学，鼎盛时号称“华北第一学府”，与燕京大学齐名，有“南齐北燕”之称。

齐鲁大学原名私立齐鲁大学，简称齐大，即山东基督教共合大学（1904年由潍县广文学堂、青州共和神道学堂和济南共合医道学堂合并而成）。

齐鲁大学医学院及附属医院设在南关新建门内，文理学院在新建门外，有办公楼、柏根化学楼、狄考文物理楼、奥古士丁图书馆，各种建筑总值200余万元。另设有社会教育科，分设陈列部、讲堂，主要从事大众教育。民国时期，许多知名学者如老舍先生、历史学家顾颉刚、墨学大师栾调甫、戏剧学家马彦祥等纷纷到此执教。1937年10月，因日军侵华，齐鲁大学奉部令内迁成都，借华西协和大学部分校舍开课。1946年8月，陆续返济复校复课。1952年9月，根据华东高等学校调整方案，撤销齐鲁大学，理科及文科部分人员并入山东师范学院，部分文科人员并入山东大学，医科部分人员并入山东医学院。

照片中可见日军占领时期，齐鲁大学校园亦遭破坏，校园内显得很冷清。

齐鲁大学大门牌坊

齐鲁大学讲堂

广智院

从趵突泉向南走不远，一条不长的小街上，有一座老院落，大门为中西合璧样式，非常有韵味。这里就是大名鼎鼎的广智院。

1904年，英国浸礼会传教士怀恩光将他在青州创办的博物馆博古堂迁到济南并扩大规模，翌年在南关土圩子（外城墙，今文化西路）内建成第一期工程，命名为广智院，取“广其智识”之意。

广智院整体为中国传统建筑风格，南北长185米，东西宽近70米。建筑群方正对称，由陈列大厅和纵横连贯的陈列室及休息厅组成，平面呈“出”字形。曾有陈列品包括动物、植物、矿物、天文、地理、机工、卫生、生理、农产、文教、艺术、历史、古物共13个门类万余件。

广智院不只是济南开办的第一家现代意义上的综合性博物馆，也是山东省的第一座，甚至在整个中国也属于最早的博物馆之一，其历史地位可见一斑。

1941年12月，太平洋战争爆发后，日本人将华北各地的英美传教士抓到潍县乐道院集中营，接管了广智院，仍由原来的中国职工负责开放。

黄炎培在济南考察时，曾专门到广智院参观，并著文介绍了广智院的来历和位置：

广智院者，一教育博物院也！创建于今院长英人怀恩光君，自购地建屋，于今十年，粲然大备。院长谓十年来购地建屋及一切布置陈列约耗银九万六千元，皆陆续捐募得之，若常年费，仅三千六百元耳……院在济南城西南关山水沟，自表门入，经隙地七八丈，得巍然大建筑，四围环以高下缤纷之花木，起前为博物堂，大自鸣钟昂然矗立于云表。入堂，立记数机于门，验之，自六月一日起至昨日九月二十三日午后四时止，除停览日外，凡九十九日，得入览者五万六千一百一十九人，平均每日五百六十六人。院长出示英文报告，去年一年间入览者男二十八万二千一百六十三人，女三万九千八百九十二人，共三十二万二千零五十五人，可云盛矣！

……

博物堂之中，设捐输柜，凡捐金者投入焉。门内之左为售书柜，英文报告称一年内出售宗教书籍四千九百二十五册……

……

此陈列物品大概也。每物有通俗说明，英文报告是院所最注意者，为政界与学生界。欲予以世界知识，使知文明进化之现象，其所下手之方面有三，曰社会，曰教育，曰宗教；其所用方法，陈列各种模型标本绘画图表使之观，演说使之听，其演说每日行之。关于卫生之演说，最为众所嗜听，如病之来源、治病之法、微生物之可以致病，皆为绝好资料。演说场设席六百，然有时人满，增至八百，月曜日为女子游览期，上年女子入览者，有三万余人之多，尝为女学生特开大会三次。每年春间，游人最盛，自远地来者，多至二万九千人，常见人揣墨记录图表及其他文件。

据怀恩光的报告记载：“1909年全年参观者215055人次，其中官员1085，学生43477，香客19346，图书馆与阅览室读者37966……”“1912年来院参观者共有231117人，其中有教育界约5万人，妇女21310人……”

在开放的头几年，怀恩光来者不拒，免费参观。辛亥革命以后，怀恩光看到参观者日多，乃酌收门票，到1930年“每年平均不下40余万人，几乎等于全济南的人数”。1922年，胡适到济南参观广智院时，发现在70天时间里，有近8万人参观广智院，每天游客超过1000人，可见广智院在当时的影响。

1948年解放济南时，陈毅曾专门下令不要轰炸广智院。1952年冬，山东省博物馆的筹备人员进入广智院，此处成为山东自然博物馆筹备处，原来的展品全部撤下展台，存入库房。从此，广智院退出了历史。1992年，广智院被公布为山东省第二批重点文物保护单位。

广智院

广智院的游人

国货商场

从上新街北口进去几十米路东有条小胡同，名字非常怪——国货商场。民国时期的国货商场可不小，它西至围屏街饮虎池，南至南新街，北口对面是剪子巷。

国货商场还有个名字——劝业场。老济南都习惯叫这个名字。劝业场是清朝官办的工艺局，是清末的“新政”之一，以教代养、教养兼施，收容无业游民，进而维护政府的统治。光绪二十七年（1901），北京设立了第一个工艺局。次年，袁世凯就在山东成立了工艺局。工艺局除译书外，一般还经营金作、木作、丝作及绣活等。民国初年，工艺局又改为工艺传习所。工艺传习所实际上只是官办的手工工场，它以倡导实业、传习工艺为宗旨，内设铜铁、毛毯、绣花、织布、木器、洋车六厂，工徒达2000余人，成为一处重要的手工业基地。

1927年，工艺传习所取消，山东督军张宗昌在其南侧修建了一处楼房，并将此改名为劝业场，寓意劝兴实业。他命令趵突泉商场内外大小摊贩限期迁到这里，劝业场开始兴旺起来。场内北边是若干平房店铺，主要经营“碎货”和土产杂品；西边有一座庆升戏院，中间空地为摊贩和艺人说书、杂耍的场地。

韩复榘督鲁时期，全国抵制洋货，鼓励买卖国货，所以在1934年1月12日，劝业场改名为国货商场，规定场内不准贩卖外国商品，商人一律出售国货。这时的商场以批发为主，兼顾零售百货、文具、土特产杂品。北面平房被改建为二层楼房，设立国货批发所和国货陈列馆。当时商场的大门在东北角，北楼下有两个过道门。正门的墙下有“国货商场”四个大字。场内建有几十米长的一排二层商业楼，商业经营比较兴旺。

1937年底，日军侵入济南前，韩复榘南逃，施行“焦土抗战”，烧毁了济南众多重要建筑，其中就包括国货商场。

1948年前后，商场在楼上楼下重建百货、绢花、文具、书店、布匹、服装、鞋帽、理发、食品等各类商店，经营各类家用电器、土特产品、饮食副食者增多，成为济南西关一带繁华之地。那时在场内西南角有电影院、书棚等娱乐场所，故深受市民喜爱，来者众多。

新中国成立后，劝业场几经整修，除保留北楼外，从东南角又划进来一部分房子，并平掉民国时期院内修防空洞堆起的土堆，重修了不少房屋，开设了百货商店、食品店和副食品店等，使劝业场成为趵突泉南门附近唯一的商场。当时，山东省图书馆还曾在北楼上和场内东南角朝北的一座平房内设立过书刊阅览室和儿童阅览室。

“文革”后，劝业场除了商场北部靠街有几处商店外，商场内的楼房和西边的平房大都成了住家户。

2000年前后，随着泺源大街的扩建拆迁，当年的劝业场已无踪迹可寻了。

山東省國貨陳列館
國貨商場南面

國貨商場內容

山东省立民众教育馆

1929年8月23日，在济南南关毛家坟，山东公立通俗图书馆、社会教育经理处、通俗教育讲演所合并，成立了山东省立民众教育馆。1930年9月，教育馆迁至贡院墙根，馆内分设研究实验、辅导、讲演、推广、康乐5个部，有职员46人，全年经费共计50684元。

为了改变民众对教育馆的错误认识，加大宣传力度，1931年至1932年，教育馆搞了30余次活动，每次参加者少则50余人，多者24000余人，各行各业均有人参与。教育馆主办出版有《民众教育周刊》《山东农民报》《民众周刊》等十余种出版物，对于启发、教育民智亦有功用。馆内工作人员还办过“时事壁报”，择取时事要闻，每星期出两期或三期，每期以300字为限，以工楷复写8份，张贴于济南市内主要街道、路口固定的木牌之上。

在民众教育馆的策划、扶持下，又有多处教育场所成立，如民众图书馆、革命纪念馆、儿童读书所、运动场、电影院、民众茶园、民众阅报处、民众问字处、通俗讲演所、博物馆、科学馆、美术馆、公园、民众学校、成人补习夜校等等，这些附设机关，对于激发民众的学习兴趣、宣传民众教育馆都有积极作用。

1937年12月，日军侵入济南，民众教育馆被日伪山东省公署控制，成为日本侵略者在山东实施奴化教育的工具。1939年，日伪将原山东省立民众教育馆改为省立新民教育馆，下设宣传、话剧、陈列、阅览等四部，主要进行奴化宣教活动。

1942年，山东省教育厅曾在鲁南之崮山设山东省立第一民众教育馆，作为恢复馆务工作的基础。但是随着战争形势的恶化，省政府退出鲁南，该馆也就不复存在了。

抗日战争胜利后，山东省立民众教育馆被国民党政府接收，此后主要进行的是各项整理工作，并适当增设了部分民众教育馆和职业、文化补习班等。

1948年9月，济南战役胜利后，山东省立民众教育馆正式退出了历史舞台。

般若寺

般若寺创建于隋代，遗址处明成化年间残碑所记以及石壁上的《开皇七年造佛像记》可证。此寺毁弃时间较早，建筑无存，只余周边崖壁间的摩崖石刻20余尊。其佛像浮雕纹路清晰、雍容华贵。崖壁之上另有摩崖题刻，“岩阿仙境”“林壑尤美”“舍灵馆真”“甘露”等等，约30处，书体多样，大小不一。

神通寺造像

神通寺位于历城县柳埠青龙山麓，为古代名刹，也是山东佛教的发祥地。原名郎公寺，约建于东晋初年，开山祖师为朗公禅师。清末一场大火中被毁，只留下了四门塔、龙虎塔、九顶塔、墓塔林、摩崖造像等佛教遗迹。

此寺旧物留存极少，此照为罕见之影像。

四门塔

四门塔建于隋朝，为中国现存最早、保存最完整的亭阁式佛塔，有“中国第一石塔”“华夏第一石塔”之称。

四门塔为单层石塔，正方形，四面各辟一拱门，故而得名。此塔于隋大业七年（611）建成，塔墙均用雕刻有浅席纹的大块青石砌成。塔外檐用石块叠涩出5层，其挑出之石层略有增大。塔顶用23行青石板层层向内收叠，构成了四角攒尖的锥尖屋顶，上置石刻塔刹。其顶中下面是一个须弥座（露盘），须弥座四周置山华、蕉叶形的石座，正中安放着五重相轮，相轮上置宝珠，构成整个塔刹。

塔内室中心砌硕大的四方形塔心柱，四周有廊环绕。塔心柱四面台上有后人移置的四尊佛像，各有名号：西曰无量寿佛；南曰保生佛，东曰阿閦佛，北曰微妙声佛。

清道光年间刊印的《济南金石志》中载：塔内有造像题记两则，一则是东魏武定二年（544）杨显叔造像四躯；另一则为唐景龙三年（709）的尼姑无畏、妙法、观世音、阿弥陀佛等佛像，这些佛像均已丢失。其中杨显叔题记于清末被直隶总督端方窃走后流入日本，今塔内佛座上的杨显叔题记是根据拓片复制的。

清末民初的旧照中，塔身已有不少裂缝，有两条较长，一条从叠涩顶一直裂到塔身中部，一条几乎裂到底部。

20世纪20年代，四门塔内佛像被收入日本出版的《世界美术全集》，称赞其筑法："乃汉代制法之余波。此塔结构虽简单，却具有平衡之美，在石筑之单层塔中，可谓无与伦比。"

韩复榘龙洞别墅

济南城东有龙洞胜境，旧时济南八景之一的“锦屏春晓”就在此处。宋代这里就已成为游览胜地，有“历城第一胜景”之誉。清代著名学者孙星衍咏诗赞曰：“我游龙洞惊奇绝，画不成图口难说。”

韩复榘主政山东后，命人在山间修建了别墅，夏季常到此避暑，并曾在这里秘密会见日军松井大将和日本驻济领事西田畊。

别墅为石制二层小楼，二层有半圆形阳台，上有棚盖。另有一地堡。

韩复榘在济南还有袁洪峪内苦苣泉旁和灵岩寺韩院两处别墅。

韩复榘龙洞别墅

韩复榘龙洞别墅地堡

裕鲁当

20世纪20年代，济南的当铺业基本为日本人垄断，韩复榘见此，即于1932年在济南兴办了官方当铺裕鲁当，以“裕国便民”为宗旨，来对抗日本人的经济侵略。

当铺位于按察司街南首路东，黑漆大门上方墙上嵌着韩复榘题写的“裕鲁当”石匾。当铺董事长为辛铸九，韩复榘的亲戚薛映书为总经理，监督为时任山东省赈务委员会常务委员的赵新儒。韩复榘拨付资金30万元，当期12个月，利息2分（加保管费5厘）。

开业后，裕鲁当即成为当时济南最大的当铺。

1937年12月，日军入侵济南，韩复榘弃城而逃，施行“焦土抗战”时烧毁了济南城内一些重要建筑，其中就有裕鲁当。

1939年3月，日伪当局在裕鲁当原址建立了山东省裕民当股份有限公司，董事长为苗兰亭，副董事长为冈本先次郎。

1946年春，国民政府在此建立惠鲁当。

约拍摄于1938年的旧照中，裕鲁当虽被烧毁，但依然可见其规模。

被烧毁的裕鲁当

大板桥、小板桥

济南城西门外南侧，趵突泉西墙外，有一条长长的顺河小街，即老济南人熟知的大板桥、小板桥。

大板桥即广会桥，为单孔石拱桥。桥宽丈许，长约两丈。桥面微微隆起，以大青石铺就。清乾隆《历城县志》载："旧以木为之，名大板桥，即旧志之广会桥也。"桥东头南墙镶嵌桥名残石及清同治四年（1865）《重修广会桥碑记》石碑。据碑文载：桥的初建年代不详，明弘治年间曾重修。桥西端两个柱头上雕有蹲狮一对，东端两柱头雕棱柱，南侧中间的四柱头雕有莲、瓶、方柱等。

广会桥北不远即为小板桥，名众会桥，桥面平坦，较大板桥为低。

大板桥、小板桥一带为典型的济南水乡景色，岸上垂柳，河里水草，水韵悠然，是济南最具泉声水色的老街巷。明代济南诗人王象春作有七言绝句《北溪》："一曲溪流一板桥，浣衣石面汲泉瓢。家家屋后停织女，树底横舟手自摇。"

1999年，趵突泉公园扩建，大板桥、小板桥被收入园区，原来小桥流水人家的济南水乡风貌就此消失。

大板桥、小板桥附近

山东省立第一公共体育场

1924年4月，第十二届华北运动会在济南举办。为了承办这届运动会，当时的山东省政府专门修建了一座体育场，位置就在南圩子墙门外千佛山下。当时勘定民地五十余亩，由历城县作价收买。因为是突击建成，所以体育场的设施很简陋，只有一座400米篮曲式田径场和一个篮球场。运动会结束后，这座体育场被定名为“山东省立第一公共体育场”。

1931年5月，济南又承办了第十五届华北运动会。为了办好这届运动会，省政府扩建了田径场和四周九层看台、部分球类场地及办公室等，并将体育场更名为“山东省民众体育场”。

1930年4月至1935年5月间，这里还举办过8次山东省全省运动会，选拔参加华北运动会、全国运动会的运动员。

抗战爆发后，山东省运动会停办，直到1946年6月，才又一次举办了规模较大的全省运动会，千余名运动员参加比赛。

中华人民共和国成立后，改称“山东省人民体育场”，经过扩修，总面积达20000平方米，设备较为完善，可进行多种体育比赛。

1931年华北运动会在山东省立第一公共体育场举办

山东体育场举办的运动会（20世纪30年代末）

共和楼塔楼

共和楼塔楼，原名养病楼，位于原齐鲁大学北门对面小街内，由两座塔式楼组成。两座塔楼是齐鲁医院的附属建筑，现在仍存。

1914年，在英国浸礼会的资助下，塔楼开始兴建，次年竣工，并于9月27日举行了落成典礼。塔楼原有四座，在主体建筑东西两端各有两座。东北角的两座早已拆除，现只存西南角的两座。

津浦铁路济南站

老济南人只要提起火车站，就会在前面加上一个“老”字——老火车站。这座老火车站就是津浦铁路济南站。

车站始建于1908年，1912年建成并投入使用，由德国著名建筑师赫尔曼·菲舍尔设计建造，是一座典型的德式车站建筑。据称是全球唯一的哥特式火车站建筑群落。建筑师按照使用功能组织空间，主次分明，建筑个体高低起伏，错落有致，最引人注目的是候车大厅与辅助用房之间高高耸起的一座高达32米的圆柱形钟楼。

津浦铁路济南站曾是亚洲最大的火车站。二战后德国人编制的《远东旅行》一书中，称此站为“远东第一站”。

津浦铁路济南站留有不同时期的老照片多帧，其中一帧较为特别，是从站内天桥上由西北向东南方向拍摄的，以候车大厅与辅助用房及钟楼为中心，与常见的在站外广场拍摄的照片有所不同。

胶济铁路济南站与津浦铁路济南站航拍

济南津浦火车站远眺

津浦铁路济南站

津浦铁路济南站内

津浦铁路济南站内天桥

津浦铁路济南站内

胶济铁路济南站

1898年，德国强迫清政府签订了《胶澳租借条约》，允许德国在山东建造由青岛出发，分别经潍县、博山和沂州、莱芜到济南的两条铁路。1899年，胶济铁路开建，1904年完工。1911年前后，胶济铁路济南站建成通车，为胶济铁路的起点站。这条铁路又称胶济线，20世纪初也被称为山东铁路。

胶济铁路济南站主体建筑中部为候车大厅，立面作对称处理，宽大高起的花岗岩台阶，中部檐板作圆形隆起，置圆钟，以强调中轴线。转角处为双层高大粗壮的圆柱，顶部饰以爱奥尼克柱头。西翼两层较长，东翼单层较短，作非对称均衡处理，是经营管理和饭店用房。局部设地下室。立面线条简朴大方，门窗比例协调，硕大的坡屋面夹层上以弧形老虎窗打破了单调的沉闷感。整个建筑以灰黄色饰面，灰白色整砌蘑菇石为墙基，灰红色瓦屋面。平面布局经济、适用，建筑物结构严谨、稳重，体现了德国文艺复兴初期的建筑艺术和结构形式。

因统辖权不同，津浦铁路济南站与胶济铁路济南站，这两座颇具规模的车站相距数百米独立设置，均为欧式风格。20世纪30年代以前，两座火车站曾经同时使用。直到1937年底侵华日军占领济南后，为了配合分区管理，将两座车站加以改造和扩建，第二年将胶济铁路济南站并入津浦铁路济南站。1939年两条铁路接轨，胶济铁路济南站被改为济南铁路局机关，前为停车场，后为济南铁路分局办公地。

1995年12月，车站被列入济南市文物保护单位。2006年12月，又被列入山东省文物保护单位。胶济铁路济南站现仍保存完整。

胶济铁路济南站停车场

胶济铁路济南站主楼（由东向西拍摄）

胶济铁路济南站主楼（由西南向东拍摄）

山东邮务管理局

山东邮务管理局，也称济南邮政大楼，是一座西洋古典式建筑，设计者为天津外国建筑事务所建筑师查理与康文赛，建造者为天津洋商，1918年3月动工兴建，1919年竣工，为济南邮政自建的第一座邮政大楼。邮政营业部门于1920年2月自经二小纬六路迁入，正式对外营业。

建筑最初设计时为三层，一层为营业大厅及邮件处理室，二、三层为邮务管理办公室，二层中间凹入的部分为联系各室的外廊。建筑整体为砖石结构，墙角处采用石板，红砖外墙以石料点缀。整个北立面采用了法国古典主义五段式，端庄对称。正中为设在高大石基上的大门廊，左右各立有爱奥尼克石柱，两翼则为精致的小门廊，主次分明，并显示了虚实对比、凹凸变化。大厦顶部为四柱望楼，采用硕大的四坡红色盔顶，中间各缀以绿色带形琉璃花饰，通高30米，上置旗杆，为当时济南商埠区最高大的建筑物之一。

1922年7月，屋顶曾毁于火灾，次年重建时改为二层，原有的孟莎式坡屋面改为平屋面，并采用了钢筋混凝土结构。这是钢筋混凝土结构在济南的首次使用。

1928年，日军侵入济南，将邮电通讯人员、军人、市民等关进该楼大院，并加以残害。1937年底，济南再次被日军占领，济南邮政大楼再次被强占，作为日军司令部。济南邮政部门被迫于1938年外迁，山东邮政管理局被划归1938年8月成立的伪华北邮政总局管辖，副局长由日本人充任，掌握实权。直到日本投降后，山东邮政管理局才由平津区济南分区接收。

解放战争期间，这里被王耀武设为第二绥靖区司令部。

1948年9月，济南战役结束，山东邮政管理局及其本地的支局均被中国人民解放军济南前线军事管制委员会邮电部接管。1958年，该楼划归济南市邮政局使用，至今仍作为济南市邮政局主楼使用。

1995年12月，大楼被列入济南市第二批重点文物保护单位，2006年12月被列入山东省文物保护单位。

济南府电报收发局

济南府电报收发局，老济南人都叫它老电报大楼，位于经一路与车站街路口西北角，呈“L”形布局，建筑面积1100多平方米，两翼基本对称，北翼为柜台和电报室、设备室等，西翼为办公用房，二层为办公和住宿用房，设圆柱形角楼，采用砖石混合结构，墙体部分为内砖外石。

1929年后，这里改作车站邮局，部分用于开设招待所。

1937年底，韩复榘采取“焦土抗战”，烧毁了济南商埠区很多重要建筑，其中就包括济南府电报收发局大楼。

1958年，大楼划归济南市邮政局使用。2004年至2006年，因经一路扩宽，对建筑进行了改造重建，南北方向被压缩了13米，仅保留了外侧的石材墙体，建筑整体改为框架结构，内部陈设亦未能得以保留。

济南府电报收发局

“焦土抗战”时被炸毁的济南府电报收发局

济南日本总领事馆

第一次世界大战期间，为进一步巩固和扩张其在山东的权益，1915年7月至1918年2月间，日本在济南建成了领事馆，并于1919年升格为总领事馆，管辖青岛、芝罘（烟台）以外的山东省全境。

总领事馆由当时日本东京帝国工科大学助教授内田详三设计，由总领事官邸、办公楼、领事人员宿舍、厩舍和庭院组成。

1928年，领事馆被炸毁，仅存庭院中的金鱼池等。1938年，日军再次占领济南，总领事馆开始在原址上重建。1939年8月落成。

重建的领事馆大门北开，面向经二路。东北部为总领事办公室和府邸。正对北门为办公楼，与总领事府邸合围成一庭院。办公楼为内廊式，东西两侧设有楼梯。院内建有数列平房和小洋房，为办事人员宿舍。

1945年11月，国民党政府外交部电令山东省政府代为接收日本驻济南总领事馆。

新中国成立后，这里成为省政府交际处暨济南饭店用房。

现存建筑群是一组“老摩登”式的建筑，与早期的西洋古典风格不同，带有明显的日本特征，是研究日本当时建筑风格的重要实物资料。其作为日本在山东的侵略和统治工具，具有十分重要的爱国主义教育价值。《中国文物地图集·山东分册》收录有该组建筑。2003年12月，槐荫区文化局对其登记保护。2013年10月，被山东省政府公布为第四批省级文物保护单位。

拍摄于20世纪30年代中期的老照片中，济南日本总领事馆的两座主体建筑非常完整。

英国驻济领事馆

英国驻济领事馆建于1906年5月，最初在南新街，当时是英国驻济总领事馆。1914年迁至三里庄南首、经六纬四路165号。1933年12月，总领事馆迁至青岛，济南的总领事馆降为领事馆。1939年2月，该领事馆被日本军队查封并占用，领事业务由英国驻青岛总领事馆署理。1945年9月，英国政府下令撤销了此领事馆。

英国领事馆大门在纬四路朝东，2米多高的大院围墙是花岗岩砌成的，北至经六路，西至纬五路。主体建筑两层，有地下室，屋顶有阁楼。毛石墙基，花岗岩墙面，红瓦坡屋面。平面为“凹”字形，凹面朝北，北立面按三段式处理，东部和西部突出，中间主体凹进。在入口处又略向北凸出了一个一层的石门廊，门廊的大门为标准的西洋古典券柱式。门廊两旁的墙上按房间的不同功能安排大小不一、形状各异的众多窗口。整个建筑立面处理既强调中轴对称，左右又有所变化，庄重威严。

在济南四大领事馆（德国、英国、美国、日本）中，英国领事馆的建筑体量最大，是济南为数不多的拥有百年历史的近现代老建筑，而且承载着济南商埠区的一段重要历史，因此弥足珍贵。

商埠公园

商埠公园即今之中山公园，是一座具有中国之最的公园。因为，这是山东省乃至全国第一个为民众修建的现代意义上的公园。

清末，济南自开商埠时，在规划中确定经三路与经四路、纬四路和小纬六路之间约八公顷的范围内建立公园，并将之称为商埠公园。此公园是山东省兴建最早的以公园命名的公共游览场所，也是当时国内在商埠区最早设立的公园。

公园占地面积46.5亩，时称商埠公园，后改称济南公园。在建设“商埠公园”之初，以园林景色为设计本位，园内植花种树、建亭凿池，还建造假山、弯曲小山径。生篱花圃、动物笼舍掺杂期间，具有“虽系人造之景，实具自然之势”的特点，为文人墨客、达官贵人提供了娱乐休闲的胜地。公园北门内建有六角形水池，池中立高石，顶部为圆盘，内置石蛙，口鼻喷水，终日不止。水池南部的石砌方台上建有“四照亭”，青瓦屋顶，环廊明柱，玻璃门窗，周围建台阶，是游人赏景、品茗的好去处。

西部的假山名曰“云洞岭”，岭上建有“登啸亭”，岭北有石刻，题为“峰回路转”。岭东侧建月牙形水池，池中植荷花，夏日盛开，芳香四溢。东部的船亭（也称石击舟），与董凤阁南北对峙，方亭、圆亭、六角亭点缀园中美不胜收，园内花卉茂盛，树木繁多，有“松柏青翠而满园、花卉争艳以溢香”“景多不杂，人众不扰”之誉。

1925年3月12日，孙中山先生去世。4月4日，济南各界人士10万余人云集商埠公园召开追悼大会，大会筹委会及国民党员护送孙中山遗像至公园安放，各机关、团体、学校、商号赠送的挽联挂满了公园，其中一挽联上写着：“五洲共仰移山填海革命家，举国同悼尽瘁为国开路人。”会上还散发了赞扬孙中山先生事迹的宣传品10万余份。为纪念这位伟大的革命先行者，公园自此改称中山公园。

1948年9月济南解放后，改称人民公园，后经多年重新规划建设。1986年11月12日，孙中山先生120周年诞辰之际，公园再次改称中山公园。

约摄于20世纪30年代初的老照片显示，公园内草木葱茏，建筑精致，置有联椅等现代意义上的公园设施。

另有老照片显示当时公园正门景物，铁制大门的形状简洁而不呆板，明显是西方风格之物。门前道路宽阔，门侧停着多辆洋车在等客人，有游客自公园出入，路上行人不多，一切都显得十分悠闲。

山东省民生银行（横滨正金银行）

从老火车站顺纬三路向南走，到经二路和纬三路交叉口，就能看到路口东南角的一座西式建筑，坐南朝北，面向经二路。民国时期这里是山东省民生银行（横滨正金银行）。

1930年秋，国民党山东省政府批准成立山东省民生银行，由韩复榘筹设，采用股份制，官商合办，规定资本600万元。当时专门修建了这座西式建筑。建筑上繁下简，以竖向手法为主，挺拔有力；北立面六根带有爱奥尼克柱头的方形巨柱，庄重华丽。

1932年7月，银行实收300万元，随即开业，总行设在济南，总经理为王向荣。青岛、烟台、周村、临沂、枣庄、惠民、威海卫等地设置了办事处。1936年2月呈准发行纸币250万元。

1937年底，济南沦陷。不久，银行被日军占领为领事馆驻地。1939年9月又成为日商横滨正金银行济南出张所。

横滨正金银行于1893年就在上海开设了分行，以后又陆续在香港、天津、牛庄、北京、大连、沈阳、汉口、开原、长春、哈尔滨、青岛、济南、广州等地开设分支行。作为日本政府的对外贸易银行，除了以上海为中心，致力于成为远东最大的国际汇兑银行外，横滨正金银行还配合日本帝国主义侵华的国策，处心积虑地在中国东北，特别在南满扩展金融势力，发行大量钞票。

1945年日本战败后，横滨正金银行于1946年被盟军统帅部命令解散。济南的这所正金银行，被中国银行接管。

20世纪50年代，这里成为中苏友好协会济南分会会址。其后，又有济南市文联、济南市亚非拉友好协会、济南市京剧院等单位在此办公。

民国时期的老照片的说明为“横滨正金银行”，加上照片上显示的掩体等军事设施，可知其时应在日军侵占济南期间。建筑的外观依然如同建造之初。

同仁会济南医院

民国时期，济南商埠里面规模最大的建筑，应该就是同仁会济南医院了。

这座医院的历史可追溯到1897年。当时，德国人即将开始修筑胶济铁路，德国天主教会遂在经二路纬二路东兴里租赁民房，设立了一处医院，名为“万国缔盟博爱恤兵会医院”，坊间俗称“博爱医院”，院长为德籍医学博士富令森德露，共有五六名医护人员，主要为修筑胶济铁路的德国人诊治伤病。

第一次世界大战爆发以后，日本人接收了博爱医院，并将医院迁至经三路纬八路一带，更名为“青岛守备军民政部铁道部济南医院”，院长为日籍医学博士管谷贯一。1917年，日本人在经五路纬七路（省立医院今址）开始兴建医院主楼、病房等。其中主楼近4000平方米，病房5000多平方米，其他建筑包括中心办公室、机械工厂、尸体室、解剖室、发电所、仓库、宿舍等近7000平方米。医院于1922年建成以后，设有内科、外科、小儿科、妇产科、皮肤泌尿科、眼科、牙科、耳鼻喉科以及化验室、X光室等，各类病床近300张。

医院主建筑始建于1917年，坐南面北，一至四层不等。平面基本为不封口的“山”字形，占地面积2184平方米，建筑面积5684平方米。门开于建筑的东南、西南隅，局部设有石砌的地下室。建筑外观为平屋面，在中轴线的南北两端屋顶各高出一个八边形的厅堂，十分显眼。外墙为毛石墙基，砖墙体水泥拉毛抹面，矩形上下推拉木窗。墙体和门窗凹凸的饰线十分丰富，各转角处均有挑出的石质牛腿样装饰件。

该建筑所有房间均为南向，阳光充足，通风良好，医疗条件十分优越。护士站与其他辅助用房均设在在中央部位，服务方便，布局合理。整个建筑人流路线十分清晰，功能分区明确，是济南府早期的教会医院之一。

1923年，青岛的日本守备军撤走，医院改由日本外务省管理。同年4月，外务省又将医院交给济南日本侨民团管理。1925年，日本侨民团将医院更名为“同仁会济南医院”。所谓“同仁会”，是日本的一个医学团体，于1902年在东京成立。最初，同仁会以普及先进的医学知识为目的，后来随着日本侵华势力的扩张，同仁会开始接受日本政府的行政指导，并为日军提供医疗服务，逐渐演变成了一个协助日军对外侵略的医疗团体。同仁会接手医院后，又几经拓展，到1937年时，占地面积已扩大为十余万平方米，拥有十余名日本医学博士，员工160余人，病床190张，日门诊量650余人次。成为日本同仁会在华所管辖的医院中规模最大、设施最全的医院。随后，医院规模渐增，成为日本在华的最大医院，时有“日本在中国第一文化事业”之称。

七七事变以后，院长外田麟造带领全部日籍人员回国。山东省主席韩复榘率部撤出济南时，实行“焦土政策”，医院主楼被烧毁。日军随后占领济南，外田麟造遂于1938年返回济南，组织修复医院，直到1943年才修复完毕。修复后的主楼造型十分美观，按原样修复，并加高了一层。此楼坐南朝北，北主入口略向前推出，为门厅和两个大楼梯间，门厅往里为一宽敞大厅，左右为单面走廊。从建筑造型和装饰手法上看，该建筑是日本明治维新后兴起的带有和风的老摩登风格，在当时的济南老城区与商埠区都为难得的大型医疗建筑。

韩复榘主政期间，曾设立一处省政府诊所，1939年改名为“山东省保安司令部后方医院”，辗转于山东境内，1942年随省政府流亡

至安徽阜阳后，改名为“山东省立医院”。1945年日本投降后，院长王让千由安徽阜阳回到济南，接管了同仁会济南医院，留用了50余名日籍医护人员。经过治理后，医院规模又有了较大扩展，并设立了山东省立医院附设高级护校，流亡在外的山东医学专科学校重返济南后，亦划归山东省立医院。此时的省立医院，为“鲁省卫生机构之巨擘，直属省政府民政厅，规模之大华北称著”。

济南解放以后，省立医院由华东军区卫生部接管，后划归山东省卫生厅，“山东省立医院”这一院名亦沿用至今。

济南广播电台

1930年，韩复榘出任国民党山东省政府主席后，即倡议创办山东省会广播电台，并责成省政府无线电管理处办理筹建事宜。1931年7月10日，山东省政府召开政务会议，决定筹建山东省会广播电台，选定济南经四路小纬六路原商品陈列所旧址为台址。会后，即开始建设，到1933年5月1日正式建成播音，发射功率500瓦，频率为857千赫。在中山公园建有两座30多米高的铁塔，架设T型天线。人员编制为10人（工役人员除外），第一任台长是马仲考，第二任台长为金丽舟。

1937年12月27日，日军侵占济南，日伪当局随即将山东省会广播电台改建为济南广播电台，于1938年6月开始播音。台址位于商埠公园，即后来的中山公园内，主要设备是日本制造的一部50瓦中波广播机。由于机器功率太小，只限于向济南地区进行华语广播，播出效果很差。

1939年春，日伪当局在经四路纬四路商埠中山公园东侧建设了新电台，12月26日开始播音，是当时华北第二大广播电台，用来向全省作华语广播。另外，用原有的50瓦广播机，作日语广播。

日伪济南广播电台的文艺广播主要是播放唱片，每天21点至23

点转播北平伪中央台的《京剧》节目。电台在北洋大戏院设有传送设备，名角到济，大都在北洋大戏院演出，可作实况转播，曾转播过马连良主演的《打渔杀家》、谭富英主演的《捉放曹》、张君秋主演的《玉堂春》等。

国民党济南广播电台每天早、晚两次播音。早、晚都转播国民党中央台的新闻联播，每次约30分钟；早、晚都有一次地方新闻，每次20分钟。文艺节目有戏曲、曲艺、音乐、歌曲，有时也请名艺人到电台演唱。1946年6月，名震平津、号称“梅花鼓王”的筱玉蓉到济南时，应聘到电台连续播送梅花大鼓《黛玉葬花》等。

1947年，济南电台进行大裁减，由接管时的40多人减少到12人。年底，改台名为山东广播电台。

1948年9月24日，济南解放，中国人民解放军华东军区济南特别市军事管制委员会无线电部，接管了国民党政府的山东广播电台，立即着手改建人民自己的电台。当时，中共中央宣传部派陕北新华广播电台编辑部主任黎韦等三人到电台工作，黎韦任台长，军管会无线电部便将工作移交给黎韦。济南特别市新华广播电台正式播音时，每天播出7个小时。

当时，济南特别市新华广播电台的主要宣传任务是：为解放战争服务，为安定济南的社会秩序和恢复发展生产服务。该台设立的新闻性节目有《国内外新闻》《前线通讯》《解放区通讯》《本市新闻》《市政之声》《工厂学校通讯》，以及同华东新华广播电台联办的《对华东战场人民解放军广播》《对华东战场蒋军广播》等，还有根据形势发展需要编排的《对淮海战场特别广播》《对北平天津特别广播》《对京沪杭特别广播》《对傅作义广播》等。

最先开始的机器设备修复工作完成后，于当年的11月4日下午举行了成立大会，定名为济南特别市新华广播电台。8日上午7时，济南特别市新华广播电台正式播音。当天播出了毛泽东主席的重要论著《全世界革命力量团结起来，反对帝国主义的侵略》，播出了中国人民解放军在华北、东北等各战场连续大捷的消息、通讯。

1949年元月起，每天播出时长达到13个小时。

建台初期，生活比较艰苦，也没有固定的日常休息时间，但电台职工以苦为荣，坚持工作。1949年1月14日晚，华东野战军司令员陈毅等到济南特别市新华广播电台视察，勉励大家克服所面临的各种困难，做好广播工作。

1949年6月13日，济南特别市新华广播电台改名为济南新华广播电台。1949年6月20日又改称济南人民广播电台，之后又改名为山东人民广播电台。

济南电台

被炸的济南电台外景

进德会游泳池

1932年春，韩复榘到南京述职，晋谒蒋介石，宋美龄介绍他参观并参加了由黄仁霖主持的励志社。韩复榘发现，该社的主旨是通过活动，为蒋笼络人心，树立蒋的权威。他回到山东后就指示省府秘书长张绍堂、建设厅厅长张鸿烈和教育厅厅长何思源负责组织筹备，拟定了《山东省进德会组织章程》，提交山东省政府委员会通过，并开始选取会址。最初选在皇亭体育场，后来买下商埠南部的游艺园作为会址，随即于当年8月18日宣布成立。

进德会委员会上设常委会、执行委员会，下设干事部，成员均为高官或社会上层人士，有当时的山东省民政厅厅长李树春、财政厅厅长王向荣、实业厅厅长王芳亭、省府委员张钺和林济青、济南市市长闻承烈、省会警察局局长王恺如、国民党山东省党部主任张苇村等等。

进德会成立后非常活跃，不过四五年时间，就先后成立分会108处，遍布省内各县，另有兖州、周村、烟台国民党驻军分会3处，成为韩复榘积极推行“新生活运动”的重要工具。

除了政治活动，进德会还经常开展文体、学术等活动。进德会内设有国剧研究社、鲁声话剧社、《进德月刊》社及各种业余研究班、进德小学、图书博物馆、金石书画古玩展览室、杂艺场、黄河赈灾亭等。著名京剧演员梅兰芳、荀慧生、高庆奎、谭富英、马连良、李万春、金少山、程砚秋、马富禄、尚小云、李多奎等都在这里演出过。进德会还放映电影，举办曲艺、杂剧、魔术等演出。在体育游乐设施方面，则建设了篮球场、网球场、台球房、高尔夫球场、地球场、溜冰场、儿童游戏场、游泳池等。其中，室内游泳池是山东省第一座。游泳池长50米，宽20米，最深处5米，设有高低跳板。另外还有双杠、单杠、木马等各种体育设施。进德会每年都要举行多种体育比赛。进德会院内还有动物园、花圃等。除了韩复榘招待宾客的宴会厅，还设有中餐馆、西餐部。

日军侵占济南后，将进德会改名昭和园。1940年又改为制造兵器的昭和园工厂、山东工厂，由此，进德会全部消失无踪了。

进德会室内游泳池

济南东文学校

济南东文学校创建于1916年，由日本人出资，第一任校长是丰田孤寒，其曾在山东优级师范学校任哲学教员。这所学校的主要目的是培养为日本人服务的汉奸，引起了当时济南各界的反感和抵制，以致招生困难，政府也没有给其备案。

学校难以维持，日本人也就无法达到目的，于是开始想别的办法。丰田孤寒利用关系，拉拢济南教育界中的曹州派，在其建议下，日本人于1923年6月（一说1924年）把学校无偿转让给了当时任山东提学使，正在竞选山东省议会议长的王鸿一，条件是丰田孤寒任学校的固定校董，长期在学校供职，王鸿一则提出将学校名改为东鲁学校，由夏溥斋出任校长。夏溥斋上任后，马上改弦更张，任命孔令灿为教务主任，掌理学校内一切教学事宜，丰田孤寒没了实权，只是一个挂名董事，学校风气也焕然一新，成为筹设中的曲阜大学的预科。

张宗昌督鲁时期，夏溥斋因宣传民主、反对军阀专制，被迫离济，侯雪舫、于丹绂两人先后继任东鲁学校校长。大约在1927年底1928年初，东鲁学校改组为东鲁中学。

五三惨案后，东鲁中学无人主持。1929年，南撤的山东省政府从泰安迁回济南，东鲁中学才恢复正常教学。校董会选举朱经古为校长。

1937年底，日军占领济南，东鲁中学停办，原校区被改建为（济南）日本高等女子学校。

抗战胜利后，济南市政府收回学校房产，改建为山东省立济南第一临时中学。新中国成立后，学校改为济南特别市第二中学，就是现在的山东省实验中学的前身。

济南东文学校教学楼

济南东文学校大门

街市旧韵

住在内城及东南城一带的居民，他们的生活可说是很悠适的，是一种含有古味的保守生活。他们的住房，是散布在内城和东南城一带很僻静的街巷里，和官署、学校为邻。

——倪锡英《济南》

出自西城普利门，至于大槐树，曰商埠。……其地以东西为经，南北为纬，已修之马路有三，自北而日辟于南也，已分之纬路有八，自东而条数及西也，而尤以一马路、二马路及纬三、纬四、纬五诸路，最为繁富。

——叶春墀《济南指南》

1904年，也就是清光绪三十年，在这一年的5月15日，清政府批准了时任直隶总督袁世凯和山东巡抚周馥的联名奏折，准许将济南辟为商埠。

袁世凯和周馥等人对于济南商埠的建设极为重视，周密安排，专门成立了商埠总局，统一协调管理商埠事务。总局下设工程局，掌管界址内工程建筑、房地产、工商行政、税务、治安管理等，并负责制定相关设计方案。

1906年1月10日，济南等三地同时举行开埠典礼，正式开放为“华洋公共通商之埠”。

济南自开商埠。这座古老的城市开始进入现代发展阶段。

也正是因为商埠的建成，清末及整个民国时期的济南，明显被分为两大区域，一是处于两面城墙之中的古城区，一是西式建筑栉比的商埠区。而这种区分，在民国时期的多种济南街巷图及老照片中有明确显示。

济南老城区并不大，保持着几百年来的原始面貌。城内多水，两道城墙之间，很多人家临河、临泉而居。不经意间，就会从某扇木格窗扇里泼出一脸盘水来，“哗”的一声，落在河中、泉里，而河水、泉水却似乎不见影响，照样清澈，照样静静而去。

城内繁荣之处不过两三条街巷，最有名的当属西门大街和芙蓉街了。其他均为小街小巷，难见影像留存。

济南商埠区的街道名称是很有趣的。街道规划为棋盘型，纵横直交。当时取名时，确定以“经、纬”来定名。但定名者并未采用国际通用的地球仪经纬线划分法，东西与津浦、胶济铁路平行的称为“经路”，南北与两铁路垂直的称为“纬路”。最靠近铁路的东西大街就被定为经一路，济南人又俗称其为“大马路”。南面一条即为“经二路”，又称“二马路”，再往南挨次为“经三”“经四”“经五”“经六”6条马路，也就被叫做三马路、四马路、五马路和六马路。而南北向的街道最东面一条，被称为“纬一路”，挨次向西，共有10条，便被称为“纬二路”到“纬十路”。后来，商埠区外扩，经路又添加到了经十路，而纬路则到了纬十二路。

老城区

济南地处齐鲁之交，融齐鲁文化于一体，形成了中庸、随意、包容的城市性格。旧时住在老城区内及东南城一带的居民，生活悠适，过着一种含有古味的保守生活。

济南全景

他们的住房，是散布在内城和东南城一带很僻静的街巷里，和官署、学校为邻。住宅完全是中国式的旧建筑，前门是一个墙堵，上面用砖石砌成一些图案，大门上贴着大红对联。进门去便可看见一堵照壁，在照壁上写着一个朱红的大“福”字。这照壁把从门口到内院的视线遮断了，使大街上过往的人们，看不见内院。内院三面是住屋，中间是个大院子，讲究点的人家，便在院子里种植花木。济南一般普通人家的住屋，便都是这样一宅分为三院，中间围成一个院落。富绅人家，他们的房屋便很深邃，从大门进去要经过几个小院落，才曲折的到达最后的内院。前面几部分是客屋、书室等，后面才是堂屋和卧房。有些人家后面还有布置着花园的。这一带的居民，他们每天的

日常生活是很安静的。早晨，当院内树头上的鸟儿吵鸣的时候，他们便起身了。从远处的深巷中传来一声两声小贩的叫卖的呼声。附近教堂里和学校的钟也锵然高鸣，好像暗示一天的生活的开始。在早餐以后，街巷间渐渐热闹开了，学生们都背着书包上学堂去了，管家的妇女或是童仆们，都提着篮子上菜市买菜去，过后便又静止下来了。下午和晚间，这是他们游乐的时期，有许多人到大明湖边去遛遛，或是到茶园里去喝碗茶，听个大鼓，再不就是到省立图书馆或广智院去玩一玩，反正这些地方他们是玩不厌的。

这是《济南》一书中老济南人的生活写照。

济南老城区并不大，繁荣之处不过两三条街巷，最有名的当属西门大街和芙蓉街了。其他均为小街小巷，难见影像留存。

民国时期的济南城内，多为平房，楼房甚少，街道倒是横竖分明。远处青山一带，一切都显得古朴、安谧。从这帧1928年的航拍照片中，可见济南古城面貌。

西门大街

西门大街，即现在的泉城路，西起泺源门，东至新东门青龙桥。泺源门，即济南城西门，这条大街因此得名。大街以山东府署为中心，是老济南城中商铺最集中和最繁华的大街。据民国初年统计，有98家钱庄、10家银楼集中在大街两侧，可见其中心地位。除了官府、王府和商铺外，大街两侧的民宅也很多。

20世纪20年代到40年代的老照片中，可见大街青石铺地，两侧商铺林立，来往行人甚多，显示出西门大街的繁华。

芙蓉街

芙蓉街因临近巡抚衙门、文庙、贡院等，平日人迹攘攘，多经营书本、笔墨、古玩等的店铺，可谓济南早期的文化街。民国年间，街上又增添了书店、眼镜店、拔牙所、旗袍店等新式商店，使得这里更为繁华。

东流水街

东流水街在西门外护城河西，沿护城河往北。据《历城县志》载："船巷，西门外，城下……一名东水流。"小街沿线可见古温泉、月牙泉、北洗钵泉、洗心泉、静水泉、回马泉、贤清泉、显明池等名泉，加上护城河之流水，风景绝佳。因其侧水流常年不息，因此得名。

商埠区

出济南城西门，过估衣市大街，再过普利街，穿过普利门，就到了商埠区。这里的生活场景和老城区是很不同的：

> 至于商埠地和西城一带的居民，他们的生活却又是一种方式，可以说是一种都市式的生活。他们迟起迟睡，终天在喧闹的环境中忙碌着。耳所闻目所见的，便是一片人来人往的嘈杂，终天不得安宁。到了夜里，附近一带游戏场内的锣鼓声和卖唱声，一片片的传来，直要到午夜才停息，把一群疲惫的观众从各个游戏场的大门口吐了出来。午夜以后，市街才算安静下来，可是短短的几小时过去以后，东天发白，苦力的工人们又开始在大街上劳动起来，一天的喧闹生活又开始了。在济南城区一带民间最普遍的娱乐便是听大鼓书，因此在热闹的大街上到处都有大鼓书场。市民在工作之暇，便去听书。那些唱书的全是年轻女子，听书的一边喝着香茗，听那鼓词高亢的音调在耳边转，是很够味的一件乐事。济南最出名的鼓书场，有大观园、明湖居和趵突泉书场等数处，其余较小的也有十几家。除了鼓书场以外，济南的电影院也不少，尤其以

商埠地一带为最多，著名的有“济南”“银花”“真光”“景星”“光明”“大华”“民众”等数家，专映中外名片，营业尚称发达。

商埠区的街道规划为棋盘型，纵横直交，以经纬命名，东西与津浦、胶济铁路平行的称为“经×路”，南北与之垂直的称为“纬×路”。最靠近铁路的东西大街就被定为经一路，济南人又俗称其为“大马路”，然后是经二路，即“二马路”，以此类推，直到经六路；南北大街最东面的一条被称为纬一路，依次向西，共有十条，即纬二路到纬十路。这种命名方式独特且方便记忆，颇具特色。

旧时商埠区当属经一路、经二路和纬三路、纬四路、纬五路最为繁华，其间多外国洋行、银行及其他店铺，所经营者也多为洋货，其中又以德国货和日本货为多。

商埠区俯瞰

估衣市大街

出济南城西门，过护城河桥，就是估衣市大街。估衣，是旧时的一种生意，就是将当铺中形成死当的旧衣服，或者回收的旧衣服加工后再次买卖。这条街上做估衣生意的较多，故得此名。

20世纪20年代，这条街上做估衣生意的已经很少了。因为是交通要道，市民来往频繁，各色店铺鳞次栉比，其中有盛锡福帽店、永盛乐帽店、经文布店、广顺和百货店、仲三元杂货铺、植灵茶庄、泉祥茶庄、玉美斋点心铺、老茂生糖果店及万和堂药店等。老济南人记忆最深的是路北的北厚记酱菜店，直到20世纪90年代，这家老店的酱菜依然“香飘全城”。

估衣市大街靠西路北有一座关帝庙，规模不大，据说清末山东巡抚丁宝桢将慈禧太后喜爱的太监安德海捉住后，就关押在这座关帝庙里。

韩复榘主政山东期间，曾对估衣市大街拓宽改造。改造后的估衣市大街宽17米，还将当中的12米铺成了沥青路面，这是济南圩子墙内的第一条沥青路。

老照片中街道两侧大多为西式建筑，可以看出当时济南开埠后受西方影响还是比较深的。照片中最醒目的是一座铁牌坊。这座铁牌坊位于估衣市大街东端。牌坊的样式和中国传统的牌坊有很大不同，可视作估衣市大街的标志。1928年日军侵略济南时对此牌坊破坏甚大，后来就被拆除了。

20世纪50年代初期，济南市人民政府对估衣市大街再次拓宽改造，因为当时很多共青团员来此义务劳动，道路修好之后就改名为共青团路了。

1965年，共青团路再次拓宽改造，拆去了路南的部分商铺，但依然保留了路北的北厚记酱园、万和堂中药店和经文布店等老字号。之后，经不断改造，除关帝庙外，其他店铺都已消失。

普利大街

济南自开商埠后，为便利城区与商埠间的交通，于1908年在西圩子墙增开了一道城门——普利门，并将原柴家巷拓宽，改名为普利大街，与商埠的经二路相连，成为古城与商埠的连接要道。

20世纪30年代拍摄的照片中，普利大街道路宽阔平坦，商铺鳞次栉比，十分繁华，可谓当时济南最有人气的商业街之一。道路两旁的建筑二层楼房占了多数，有些楼房上还装有拱券门窗，体现出济南由古老向现代过渡的蓬勃之气。

20世纪50年代初，济南城墙被悉数拆除，普利门从此消失，普利大街也改名为普利街。

一大马路

一大马路即经一路。

济南自开商埠时，成立了山东商埠总局，负责商埠区的日常管理工作。商埠总局自商埠建设之初，就为商埠区马路的规划制定了一套比较严格的建设标准。据史料记载，1909年开始修建经一路，碎石路，两边修建雨污合流的排水沟，沿路还砌有拱形的下水道，道路两边铺设有红砖人行道。

1911年，一大马路已经修建到了纬九路。建成后，一大马路成为商埠区第一条东西交通干线。因为邻近火车站货场，所以建成后不久即成为当时的物流、旅馆和商业中心，各种商行、店铺林立。20世纪20年代，这条路上的货栈有西万盛、通顺栈、东升栈、同福栈、大升栈、裕生栈、泰安栈、来升栈、德庆栈、东万盛等数十家，旅馆和饭店有津浦宾馆、胶济饭店、金水旅馆、石泰岩西餐馆、招商旅馆、迎宾旅馆、第一宾馆等。

二大马路

二大马路即经二路。

据《续修历城县志》记载："1904年，济南开商埠，将该路定名为经二路。……二马路及纬三、纬四、纬五路最为繁富。"

自老城区出普利门，普利大街直通二大马路，道路沿线商业极为繁荣，沿街店铺不下百家，其中不乏瑞蚨祥绸布店、亨达利钟表眼镜商店、宏济堂药店、祥云寿百货店、万紫巷商场、康泰食品公司、西市场、新市场等老字号，经营项目十分繁杂。

这条路上还有当时济南最高的建筑——山东邮政总局。

若素
安原大藥房

箱根

石印刷社

纬三路

纬三路的建设是分期进行的。北段，也就是北起经一路，南至经六路这一段是1914年到1924年建成的。按当时商埠街道网规划，由东向西排列命名为纬三路；北起经六路，南至斜马路的中段，在日伪时期开辟南商埠时拓建成马路，名为新民西三路；南段原名松林街，也就是北起经七路，南至建国小经三路一段，新中国成立前才并入纬三路。

这条街上西式建筑甚多，民国时期，各式商业亦多，是商埠区重要的商业街之一。

经七纬三路口

纬四路

以前，老济南人一说起去商埠买东西，肯定会说去纬四路。其实说得具体点，就是经二路和纬四路的交叉地段，这里是整个商埠区商业最繁荣、货品最丰富的地方，尤其是各种“西洋货”和国内新兴的新鲜玩意，都是最先出现在这里。

纬四路经七路以南的部分于日伪时期建成，曾名新民西二路。

公立信

泺边人情

济南人敦厚阔达多大节。……重农桑，崇学业，乐输将，敦气节，其大较也，而四乡三关，风尚各异。南乡务耕牧，椎鲁畏法，而近关杂处，人多剽悍；东乡习耕读，聪察善讼，俗号殷富，士多出仕，而近关者稍朴鄙；西乡亦务稼穑，知诵读，近关之士多雅秀而文，然稍失之华；北乡则专治畦圃，敦朴无他营，最为近古。

——胡朴安《中华全国风俗志（第一册）》

《中华全国风俗志》是胡朴安在20世纪20年代初编成的一部内容丰富的全国风俗百科全书，笔者所藏1923年上海大达图书供应社刊行的排印本第一册中，有转自古代史志的关于济南人性格的概述——“敦厚阔达多大节”。

由于身处泉声水韵之中，旧时济南人虽然还带有山东人粗直的本色，但已趋于平和俊爽，脱去了北方的“剽悍之气”。旧时济南乡间生活简朴而宁静，农人大多容易满足，能吃饱、穿暖即可，并无太高的要求。

旧货市场

那时济南附近农民养蚕的很多，纺织业有一定规模，生产有名的山东府绸，销向外省。因此当时济南乡间的农民有不少跑外做丝绸生意的。他们没有固定的店面，全靠两条腿，肩上扛着各色绸料，到外省去推销，最远能到口外，用土绸换蒙古人的毛皮，再带毛皮到平津、济南出卖，获利丰厚。

济南农民多是穿一件青色或白色的短褂，冬季再加一件青布大棉袄。遇到什么喜庆的节日，能穿上一袭洋布的花色衣料，便是十分奢侈、时髦的了。

旧时济南人的日常主食是面粉，这与当时的面粉加工业比较发达有直接关系。清末以来，济南城里陆续开办了几十家面粉厂，可以供应山东全省。济南人称这种机器加工的面粉为“洋面”，称农家磨坊里磨出来的面粉为“本地面”。对于乡间的普通农民，本地面已算是最好的主食了。较穷苦的人家吃一种绿豆磨成的绿豆面，或是加入其他豆类、玉米等混合磨成的杂粮面。

济南普通人家主要吃馍馍或烙饼。至于大包子和饺子，就算是改善生活的好东西了。穷苦的人家把面粉和水调成面糊稀饭，再放上山芋、玉米等，合在一起煮，很稠，也能果腹。

早市

迎亲的

老济南的新式迎亲队伍

发丧的

清末民初济南街头百姓

送水的

在某泉池等待取水的送水者

算卦摊

算命的

鼓书艺人

济南近郊耍猴的

卖水果的

城内杂货店

拉洋车的

焊锡的

包子铺

布贩子

街头穿门帘的

济南商埠的古董摊

卖烟嘴的

拉洋片的

商埠街头摊贩

运货的独轮车

城内街头大车

运货马车

济南近郊农民

农民祈雨队伍

商埠工人

青年会会员在打台球

洗衣

文庙外的百姓

商埠公车售票员

游览千佛山的欧洲一家人

游览千佛山的欧洲一家人

后 记

本书于数年前开始动笔，断断续续写下来。其间，个人经过一次大的变故，加上日常杂务所扰，故拖了下来，一直未完。写作过程虽然不是很累，但心里一直好像被压着某种东西。越是想写得更全面、更完美，就越是不能完稿。而且，有关济南的老照片不断集于陋室，便又想将最新搜集到的老照片收录进来，于是又不断修改、增添。如此一来，原稿虽无大动，却小改不断，完稿日期也就一拖再拖。

有朋友相劝，老照片收集得越多，想法就会越多。颇以为然。于是，将原稿进行了整体审阅，不再加入新搜集到的老照片，稿子也就很快定稿了。

本书中收录的济南老照片，是笔者20多年的收集成果，是笔者有关济南的收藏中最重要的专题之一。本书所选200余帧老照片，只是笔者收藏的一小部分，大致可反映自清末至20世纪40年代中期老济南各个方面的风貌。

笔者水平有限，文笔粗陋，只想把所藏济南老照片更多、更好地展示出来，将老济南的风貌更全面地介绍给世人，让当代人更全面地了解、欣赏到老济南的迷人风韵。

2021年5月20日